The First Company
ザ・ファースト・カンパニー 2018

ダイヤモンド経営者倶楽部◆編

創造と
革新を
求め続ける
企業

ダイヤモンド社

リーダーは〝慎重なる楽観主義者《Cautious optimist》〟であるべきだ

東京電力ホールディングス取締役会長
川村 隆

イノベーションを生み出さない企業は、今後の金融正常化の過程で脱落していく

なぜ今、日本ではイノベーションが起こりにくくなっているのか。一言でいえば、新しいことを始めようという意欲がなくなっているからだと思います。

イノベーションとは、技術的な新規開発に限りません。プロセスの改革であってもいいし、新たな市場の開発でもいい。要するに今までやってこなかったことを新しく始めることです。でも成果ばかりを気にして、リスクを取る勇気が失われている。

その理由の一つは、日本は島国で恵まれており、外から本格的に攻め込まれていないという事実があります。言葉や人情の問題もあり、ある種の〝非関税障壁〟が築かれている。しかも現在は、デフレから脱却するために日銀がマイナス金利政策を取っている。いわば、ぬるま湯対策の

なかで、企業は守られているのです。

特に大企業でイノベーションが起こりにくい背景には、費用対効果が早急には出にくいため、新規プロジェクトが途中でつぶされてしまうという構造的な問題があります。しかし、前向きな意欲を持たず、リスクも取らない企業は、金融正常化の過程で脱落していくと思います。

内部改革が難しい大企業でもイノベーションを起こせるようにするには、社外のベンチャー企業を支援して、ビジネスベースになったところで取り込む、という方法があります。

私自身、ベンチャーファンドにかかわったことがありますが、ビジネスベースになるためには、適切な時期に何度も資本注入を行う必要があります。特に規模の大きいイノベーションには、さまざまな分野の技術開発が必要になります。商品化に向けて全体のあらすじを描き、巨額の資本を出し続けていくのは、やはり大企業の役割になります。

つまり今後、日本でイノベーションを起こすためには、こうした大企業とベンチャー企業のコラボレーションが必須になってくる。その動きは、これから多くなっていく。逆にそれが活発化しなければ、日本経済の成長はないのではないかと思います。

企業は平常時だからこそ〝痛みを伴う改革〟を断行しなければならない

企業の成長で必要なのは、事業のポートフォリオを考えて、今注力すべき「近づける事業」と、撤退や縮小を考える「遠ざける事業」を峻別していくことです。「遠ざける事業」すなわち構造改革により経営資源を捻出し、「近づける事業」すなわち成長事業にその資源を注入して、企業価値の持続的成長を図ることこそ、経営者のやるべきことです。

私が日立製作所の再建を任されて、まっ先に取り組んだのが、そのことでした。総合電機メーカーの看板を下ろし、半導体、プラズマパネル、携帯電話などの事業からの撤退を決めました。もちろん社内からは反対の声が上がりましたが、ポートフォリオを考えると、そうせざるを得なかった。逆に「近づける事業」として、電力や交通などのインフラをデジタル化で支える社会イノベーション事業に注力した。その結果、V字回復を実現することができたのです。その意思決定は迅速であらねばならず、限られたメンバーだけで意思決定を行いました。スピードが必要な時は、そうしたトップダウンが有効なのです。もちろん、非常時だからこそできたともいえます。けれど企業は本来、平常時だからこそ、〝痛みを伴う改革〟を断行していかなければなりません。市場環境が悪化し、赤字に落ち込んでからでは遅いのです。

社内的な痛みのみならず、ステークホルダーとの関係でのさまざまな痛みを乗り越える必要があります。情の部分では忍びないが、会社の発展のためには仕方ない。「情」より「理」を取る決断も、経営者に課せられた仕事だと思います。

企業の成長でもう一つ重要なのは、社員に「稼ぐ力」を付けさせること。企業の存在意義とは、利益すなわち付加価値を創出し、社員や株主、取引先、顧客などステークホルダーをはじめ、社会全体にその付加価値を還元することだと考えています。私が部下によく言うのは「お金の匂いがするかどうかを見極めろ」ということ。企業は社員の自己実現をする場であるのに加えて、利益を社会に還元して世の中をよくするための存在なのです。

さらに経営者は「カメラの目」を持つことも大切です。私自身、子会社に出向したことで、日立本体を外側から客観的に見て、不合理な部分を理解することができました。自分のゴルフのスイングなど、撮影してはじめて酷い格好で打っているかがわかる。第三者の声に耳を傾けること、今いる場所からいったん離れることも、時には必要なのです。

リスクに対して周到に準備するが、意志を持って希望を提示する楽観主義

企業のリーダーは孤独なものです。特に痛みを伴う厳しい決断をする時のリーダーは孤独です。私も、ずいぶんそうした経験をしてきました。最終的な判断は自分一人で決めなければならないし、さまざまな批判も殺到する。けれどもリーダーとは、常に最終責任を取り、最終的な意思決定を行う「ラストマン」であらねばなりません。とはいえ、時には迷う場面もあります。そんな時に、私がよりどころとしている考え方があります。それは、「リーダーは〝慎重なる楽観主義者(Cautious optimist)〟であるべきだ」という持論です。フランスの哲学者アランの『幸福論』の

一節、「悲観は気分に属し、楽観は意志に属す」という言葉から考えたものです。

単なる能天気な楽観ではありません。悲観論に陥らず、リスクに対して周到に準備した上で、意志を持って希望を提示するという意味です。「やればできる」と腹を括れば、物事は意外とすんなり解決するもの。困難な場面でも、自分の意志で遠くに光を見出し、それを組織のみなでつなぐことで、物事を進めることができるのです。

いずれにしても企業を成長させることは、経営の醍醐味といえます。その意味では、本当の成長は創業者のみが最も味わえるのでしょう。私ももう少し若かったら〝創業社長〟として起業してみたかった、それが本音かもしれません。

PROFILE

川村 隆
かわむら たかし

1939年、北海道函館市出身。東京大学工学部電気工学科卒。1962年日立製作所入社。日立工場長、常務取締役、副社長を経て、子会社の日立ソフトウェアエンジニアリング会長、同子会社日立マクセル会長などを歴任。2009年日立製作所代表執行役・会長兼社長に就任。退任後、2017年6月東京電力ホールディングス取締役会長に就任。みずほフィナンシャルグループ社外取締役。元日本経済団体連合会（経団連）副会長。

【目次】

PART 3 高い競争力を武器に挑戦を続ける実力派

本文中の企業データは２０１８年４月末現在のものです。

PART 1

飛躍のステージに立つ次代の主役

直近およそ1年間に新規上場を実現した企業ならびに、東証一部へ市場変更を果たした企業のなかから、さらなる上のステージが見込める、期待の注目株をセレクトした。

ティーケーピー

代表取締役社長 河野貴輝

貸会議室事業で培った多彩なノウハウや実績を結集 快適な場、空間、時間を創出する「空間再生流通事業」へ

ティーケーピーは、企業向けの空間シェアリングビジネスの先駆けとして創業。不動産オーナーから遊休不動産を借り受け、貸会議室としてリニューアルし、利用者にリーズナブルに提供するというビジネスモデルを展開する。現在1950室以上の会議室・ホテル宴会場を運営。また料飲・ケータリング事業、宿泊事業など付随するサービスにも取り組み、急成長を続けている。

2018年3月、ティーケーピーは大塚家具との業務提携に基づいて、新宿ショールーム8階の催事場を、イベントホールの新ブランド『CIRQ（シルク）新宿』としてリニューアルオープンした。JR「新宿駅」東南口から徒歩2分という好立地。総フロア面積1200平方メートルの空間には、楽屋や控え室を付帯し、多様なイベント開催に対応する。同社にとっては初のイベントホールブランドで、新たな顧客層の開拓や用途の拡大につなげる計画だ。

社長の河野貴輝は、これを機に駅近の商業施設や百貨店への出店を目指していると語る。

「今構想しているのは、商業施設や百貨店の機能を一部残しつつ、その空間を最大限に活用していくこと。今後、Eコマースのさらなる浸透で、リアル店舗はショールーム化が進み、平日は売上げが減り、デッドスペースが増えることが予測されます。そこで土日は百貨店の催事場や即売会場として、平日は企業の会議室のニーズに応えていく。立地条件がよければ、空間を最適に稼動させ、より価値を上げられる〝混在型〟の事業が成立すると考えています」

同社の事業内容を一言でいえば、「空間再生流通事業」である。中核事業である貸会議室事業は、企業が保有する遊休不動産を借り受け、顧客にリーズナブルに提供する。運営する貸会議室やホテル宴会場は、国内と海外7都市で約1950室、14万席を超える。

設立は2005年8月、六本木の小さなビルで始めた貸

わが社はこれで勝負!

100000坪

TKP市ヶ谷カンファレンスセンター外観

現在、TKPが運営する貸会議室やホテル宴会場は、国内と海外7都市で約1950室超。延べ床面積にすると約10万坪、東京ドーム約7個分に相当する。この面積は、日本はもとより世界的に見ても最大級の規模になる。どの都市でもビジネス中心エリアの好立地に位置し、快適な場と空間と時間を創出している。

会議室がスタートだった。「1時間1人100円で借りられる会議室」がキャッチコピー。インターネットで集客したところ、問い合わせが殺到しニッチな市場を開拓した。成功の要因は、不動産オーナーとなって貸し出すというスタイルを取らない〝持たざる経営〟である。所有権を放棄し使用権で勝負することで、少ない資金でビジネスを拡大することができたのだ。

もう一つの要因は、ネット中心のビジネスモデルから早い段階で脱却したことにある。河野はネット証券やネット銀行の設立にかかわってきた経歴があり、ネット完結ビジネスの弱点をよく理解していた。ネット販売で勝負する限り、常に価格競争にさらされるのだ。

「当社にとってネットは入り口に過ぎません。その先には営業担当がいて、お客さまのニーズに合った会議室を紹介し、備品やケータリングなど目的に応じてオーダーメードのサービスを提供する。次回からは電話一本で会議室をワンストップで手配できる。そうした〝人対人のビジネスモデル〟を構築したことで、驚異的なリピート率を生み出したのです」

貸会議室から派生する多様なニーズに対応した事業を展開

貸会議室から始まった同社だが、現在はそこから派生する多様なニーズに対応した事業を展開している。2011年の東日本大震災後に開業した、ホテル宴会場「TKPガーデンシティ品川」が契機となり、料飲や機材レンタルなどの内製化によって周辺事業は大きく拡大。さらに会議等

PROFILE

河野 貴輝
かわの たかてる

1972年、大分県出身。慶應義塾大学商学部卒。日本オンライン証券（現・カブドットコム証券）設立に参画。イーバンク銀行（現・楽天銀行）執行役員営業本部長等を歴任。2005年ティーケービー設立、代表取締役就任。

に付きものの弁当・ケータリングは、老舗の駅弁工場をM&Aすることで、顧客が満足できるクオリティの食事を提供できるようにした。

また会議室を併設したハイブリッド型のビジネスホテル「TKP×アパホテル」や、ホテルと研修施設が合体したリゾートホテル「レクトーレ」、会議室完備のハイブリット型温泉旅館「石のや」などの宿泊事業にも進出している。

レクトーレは、かつて企業が所有していた保養所や研修センターを、研修や会議ができるモダンで落ち着いた空間にリノベーションしたものだ。

「今の時代、企業はめったに使わない保養所を持っていても非効率。かといって普通のリゾート施設や温泉旅館は会議設備が十分でなく、宿泊料金も高くつく。会社から離れた景色のいいところで、美味しいものを食べ、温泉に浸かって時間を気にせず会議や研修を行えば、未来に向けた生産的なアクションや自由な発想も生まれるはずです」

（左）イベントホールの新ブランド『CIRQ新宿』会場イメージ。
（右）国内全域、さらに米国、東南アジアに拠点を拡大する

リーズナブルな価格で貸会議室を提供する同社にとって、高級温泉旅館の経営はやや違和感があるが、平日は企業研修や会議で、休日は一般の温泉客で賑わう宿泊施設として棲み分けができている。空間再生流通事業としてブレはないのだ。

積極的にリスクを取り周辺事業を果敢に深掘りしていく

国際化に関しては、2013年（8期目）に貸会議室ビジネスでニューヨークに進出した。なぜニューヨークなのかといえば、河野の目標が「世界のTKP（ティーケーピー）」となることで、「なるべく早い段階でハードルの高い都市を攻略したかった」からだ。

もともと米国はパワーランチが盛んで、地価上昇が続いているため、ニーズは確実にあると考えた。場所はマンハッタンの中心部、グランドセントラル駅から徒歩10分という立地。実際に需要は東京よりも多く、運営は順調に推移しているという。

この他にも、ニュージャージー、シンガポール、香港、台湾、

ミャンマー、マレーシアと拡大している。

その成長力が評価され、河野は優れた起業家を表彰する「ＥＹアントレプレナー・オブ・ザ・イヤー２０１７ジャパン」日本代表にも選出された。

「本格的な世界進出の足がかりになるのが、昨年3月の上場です。これからのＴＫＰは、世界を舞台に成長のスピードを高めていくフェーズに突入しました。これまでの国内の貸会議室事業も、もし『貸会議室だけ』に特化していたら、２８６億円に上る売上げは不可能だったはずです。これからも世の中の変化に柔軟に対応し、貸会議室ビジネスを中核としながら、空間再生からさらに共存共栄の事業再生に領域を広げていきたいと思います」と河野は語る。まさにベンチャーマインドを体現し、革新的なビジネスモデルで社会の効率化を促進する注目企業である。

株式会社
ティーケーピー

〒162-0844
東京都新宿区市谷八幡町8
TKP市ヶ谷ビル
☎03-5227-7321
https://www.tkp.jp

設　立●2005年8月
資本金●2億8779万5000円
社員数●2601名
売上高●286億円
(2018年2月期連結)
事業内容●空間再生流通事業

2017年3月27日
東証マザーズ新規上場

サインポスト

経営理念に裏打ちされた人材力と技術力の高さで「豊かな日本」を未来につなぐ先端のサービスを提供

代表取締役社長　蒲原　寧

「孫の代まで豊かな日本を」。その一翼を担うべく、強い理念を持って設立されたサインポスト。お客さまからの感謝の言葉と営業利益を「社会からの通信簿」と表現し、双方を高い水準で両立させることで、独自のコンサルティングビジネスを確立。直近では先端のAI技術を生かした無人レジを発表。顧客層である小売り・流通関係者、投資家などから期待を一身に集めている。

顧客が手に取った商品を、棚や天井など店内に設置したカメラが撮影し、人工知能（AI）が一つひとつをリアルタイムで認識。出口のゲート脇に立つと合計金額が表示され、電子マネーなどの決済によって、買い物が完了する。そこには一切の〝人〟が介在しない。

これはサインポストが開発した、次世代型無人レジ「スーパーワンダーレジ」だ。

無人レジそのものは少しずつ開発・導入が進み、海外ではAmazon GOも話題になっている。しかし同社のシステムは、さらに一歩先んじ、より多くの利便性・可能性を秘めている。その特長はどこにあるのか、社長の蒲原寧は説明する。

「一言でいえば、『人間の目と脳の機能を代替する』点に特化していることです。ICチップやバーコードなどを用いず、今ある商品そのままで運用できることを設計の基本に置きました。一方で、わからない時は『わからない』という識別ができること。誤認識しない仕組みづくりも、非常に重視しています」

識別の方法は、商品画像を事前に覚え込ませ、その画像と一致するかどうかで行う。人工知能の一種であるディープラーニングで構築されているため、光や角度など条件の違いにも柔軟に対応することができる。

また、ここで蓄積された顧客データは、マーケティングにも活用可能だ。年齢や性別、誰が何を買ったかなどの幅広い情報を、人が入力することなく集積ができ、買わずに

わが社はこれで勝負!

2823件

お客さまからの感謝の言葉を大切にする企業風土を育む

「お客さまからの声」の数。社員の評価の軸を顧客評価に置くなど、「社会から最も必要とされ、最も感謝される企業」であり続けることを目指している。実際に顧客からの感謝やねぎらいの「声」は多く、これまでに2823件に上るという。こうした「声」を、定期的に社内で共有する場を設けているのも特徴だ。

帰った人の分析もできるのが、現状のPOSなどにはない大きな優位性となっている。

さらに認識スピードの速さ、決済手段の多様さなど、利便性の向上に力を入れる。「私たちは技術を売り込みたいわけでも、流通を制覇したいわけでもない。あくまでも、小売りの現場の方々の負担を軽減したいという気持ちを最優先に取り組んでいます」と蒲原は言う。

これらの技術や成果が評価され、東日本旅客鉄道のオープンイノベーションプログラムにも採用された。2017年11月には大宮駅で実証実験を行い、参加者が長蛇をなして訪れるほど注目を集めた。2018年以降、さらなる新たな展開が予定されている。

「社会からの通信簿」を指標に、社会にどれだけ貢献できたかを絶えず意識

三和銀行（現・三菱UFJ銀行）で、システム開発部門を担当していた蒲原が同社を立ち上げたのが、2007年3月のこと。邦銀の先駆けとなる次期基幹系システムの構想・設計や、三菱UFJ銀行の合併に伴うシステム構築を主導するなど、界隈ではつとに知られた存在だったが、銀行内での評価に安住することなく、あえて起業の道へ飛び込んだ。

「孫の代まで豊かな日本を創る一翼を担う」。これは蒲原が創業当時から、自らに課していたミッションだ。「私たちは、この経営理念を高い次元で実現するためだけに事業をやっている。他社との違いは決定的にそこだと思う」との言葉には力がこもる。

PROFILE

蒲原 寧
かんばら やすし

1965年、大阪府出身。1988年三和銀行（現・三菱UFJ銀行）入行。2007年にサインポストを設立、代表取締役に就任。2011年大規模金融システムの開発現場を描いたフィクション小説『プロジェクトマネージャー』（ダイヤモンド社）を出版。

入社してくる社員も、この理念への共感が軸になっており、ベクトルを同じくする組織の強みが、人を育て事業を強くすることにつながっている。2016年には「サインポストの理念」と題されたカルチャーブックを発刊。会社が成長するなかでも同社らしさが失われないように、全役職員が常に意識し行動すべきことを、あらためて言語化し共有を進めた。

なかでも、同社において一つの重要な軸になっているのが「社会からの通信簿」という言葉だ。「お客さまからの感謝の言葉」と「営業利益」、その二つの指標で、「サインポストがどのぐらい社会に貢献できたのか」を測っているという。この両立する力こそが、同社の強さの基盤となり、「経営の王道を進む」高い信頼と安心を生み出しているといえるだろう。

お客さまの行くべき道を示し実現へと導く

サインポストの社名に込められた意味、それは「システムコンサルティングやソリューションの提供などを通してお客さま

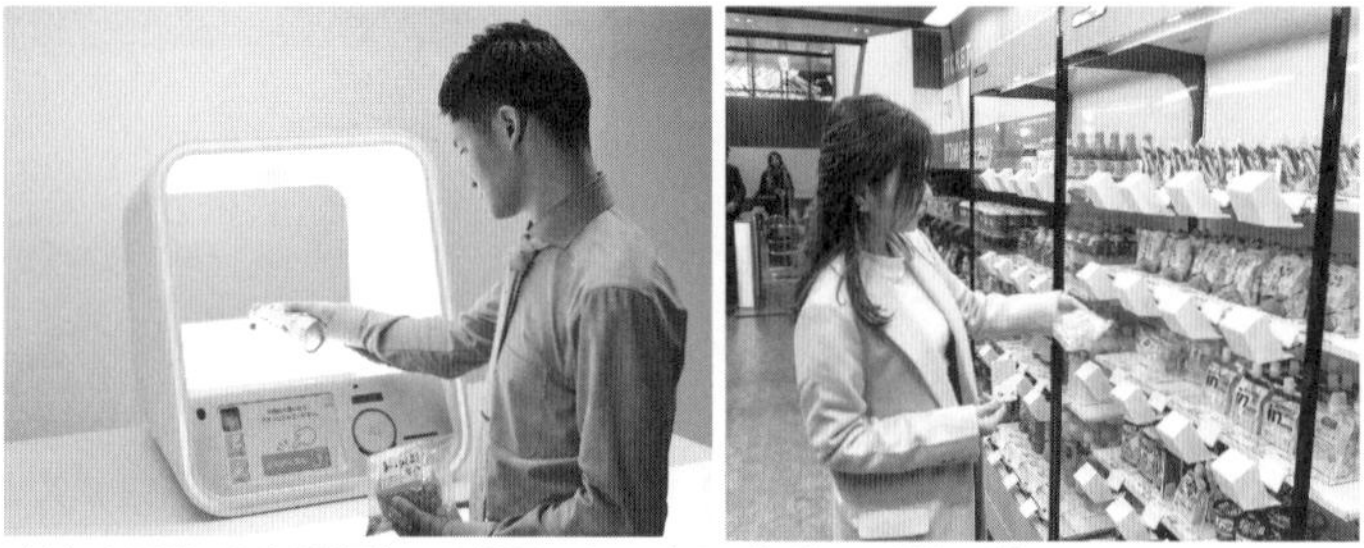

（左）一括認識で会計時間短縮、レジ設置スペース半分。世界初のAI搭載レジ「ワンダーレジ」。（右）東日本旅客鉄道と共同でJR大宮駅で行った「スーパーワンダーレジ」の認証実験の様子

の経営目標達成に向け〝道しるべ〟を示し実行する」使命。

その通り同社のビジネスは、コンサルティングやシステム開発といった部分的な業務に留まらない。金融業務への精通と、顧客との直接取引であることを生かし、「お客さまのＩＴ部門の一員として、プロジェクトの構想から完了まで」をトータルでマネジメントできることが大きな強みになっている。

取引先には、都市銀行、地方銀行、カード会社、資産運用会社、保険会社などの大手金融機関、宮内庁や参議院、東京都などの公共機関や自治体など、そうそうたる顔ぶれが並ぶ。

最近では、特に地方銀行からの相談が多くなっているという。銀行の収益率の低下はメディアでも話題になるほど大きな課題で、次の時代に向けた新しい金融商品づくりやＦｉｎｔｅｃｈ対応など、経営のあり方までを含めた提案を行っている。その一環として、地域の中小企業の将来性を判断し融資につなげる「事業性評価サービス」を提供。非常に評判がいいという。

「地銀さんとのお仕事のなかで感じてきたのが、地方創生の重

要性です。一方でスーパーワンダーレジを進めるなかで培ってきたＡＩ技術が、一次産業の振興に活用できる面が多々あることもわかってきました」と、蒲原は今後の自社の可能性を説明する。「人間のモノの認識力は非常に高いものがあります。半面『人間がモノを認識する時間が生産性の限界』になっている部分が多かった。ＡＩ技術を使えばそれが解消できます。例えば、農産物の選別だったり、養殖場の魚の効率的なエサのやり方だったりと」

２０１７年11月には東証マザーズへの上場を果たし、同社は新たなステージに入った。「今後、営業利益５００億円を確実に実現する企業となり、さらに将来は、科学技術のためだけの財団や大学の設立なども手がけたいと考えています。『孫の代まで豊かな日本を』、そのためにできることはまだまだたくさんあるはず」そう語る蒲原のまなざしは強く、そして優しい。

サインポスト株式会社

〒103-0023
東京都中央区日本橋本町
4-12-20
☎03-5652-6031
https://signpost1.com/

設　立●2007年3月
資本金●3億5293万円
社員数●88名
売上高●30億2400万円
(2018年2月期)
事業内容●金融機関向けのITソリューション提供。AI搭載レジスター「Wonder Register」開発などのイノベーション事業

2017年11月21日
東証マザーズ新規上場

ジャパンエレベーターサービスホールディングス

〝見えないからこそ手を抜かない〟真摯な精神を大切に価格勝負からクオリティ勝負へ、技術力と信頼を拡大

代表取締役会長兼社長CEO 石田克史

「サービスの質」に徹底的にこだわり、先を見据えた設備投資と人材投資を積極的に敢行。独立系エレベーターメンテナンス業界の雄として、確固たる地位を築いてきたジャパンエレベーターサービスホールディングス。東証マザーズ上場や、埼玉県和光市の最新研究開発施設の新設により、信頼と品質への評価をさらに高め、次なる成長のステージを目指している。

東京外環自動車道を大泉ジャンクションに向かって荒川を渡ると、右側にひときわ高くそびえる〝塔〟が目に飛び込んでくる。これは、ジャパンエレベーターサービスホールディングスが新設した「JES Innovation Center（JIC）」のシンボル的存在である高層テストタワーだ。高さ約50メートル、4台のエレベーターが稼働し、何千、何万時間もの高精度な検証を可能とした「独立系エレベーターメンテナンス会社では初」となる施設だという。

さらにJICには、同社の頭脳となり事業の要となる最先端の設備や機能を集約した。

例えばコントロールセンターでは、全国のエレベーターを遠隔で一元管理し、24時間365日体制でサポートを行っている。パーツセンターには、他に類を見ない約15万点の各種パーツを常時ストック。緊急トラブル時に迅速な出庫体制を可能にするとともに、同業他社への供給も行い、広範な協力関係を構築した。またテクニカルサポートでは、「STEP24」など約2年間の本格的研修プログラムを実施し、次代を担うプロフェッショナルの育成に注力している。

「JICには日々多くの方が見学にお越しになり、非常に強い関心を持ってご覧いただいています。私たちの技術への信頼と期待が、いちだんと強くなっているのを感じます」と、会長兼社長CEOの石田克史は確かな手応えを口にする。

「同時に、社員一人ひとりの意識や自負も高まり、よい意

わが社はこれで勝負!

43400台

2017年10月に新設した「JES Innovation Center」外観

国内のエレベーター設置台数は約100万台で、独立系のシェアは20%ほど。このなかで同社は4万3400台の管理台数を誇る（2018年3月末現在）。毎年約3600台ペースで契約台数を増やしており、独立系のシェア拡大を牽引している。市場の90%を占める150m/min以下のエレベーターに絞って事業を展開。

味での緊張感も育ってきました。価格だけでなく、クオリティで勝負できる時代へ。2017年の東証マザーズへの上場と、JICの竣工によって、将来に向けてさらなる飛躍の舞台が整ったといえるでしょう」

現場が困るものはお客さまも困る。その技術者魂が原点

JICに代表されるように、同社は創業以来「サービスの質」を追求し続け、設備や人材などへの積極的な先行投資と資金調達を、高いバランス力で行ってきたのが大きな特徴だ。

会社の設立は1994年、独立系の大手エレベーターメンテナンス会社での勤務時に、石田が感じていた幾多もの課題をもとに、「真にお客さまのためになる会社」を目指して生まれた。

「エレベーターメンテナンス業界は、メーカー主導の時代が長くありました。エレベーターの新設時は低価格で販売する半面、系列のメンテナンス会社が高い料金でメンテナンスを請け負い、帳尻を合わせる。そういう構造になっていたのです。そこで、メンテナンスに特化することで価格優位性を得た、独立系のメンテナンス会社が次々と生まれました」

ただ独立系事業者には、メーカーが自社の部品を卸さないという大きな問題があり、「類似品」を製造し対応せざるを得ない時代があった。(注1) しかしこれらは性能が劣り、壊れることも多かったため、独立系には「安かろう悪かろう」のイメージが付きまとった。石田には「この評価を何と

(注1) 1985年に「メーカーが部品を売らないのは独占禁止法違反に当たる」として、独立系メンテナンス業者が団結して訴訟を提起し、1993年7月に大阪高裁で勝訴した。

PROFILE

石田 克史
いしだ かつし

1966年、東京都出身。独立系大手エレベーターメンテナンス会社を経て、1994年ジャパンエレベーターサービスを設立、代表取締役社長に就任。2015年にホールディングス化を図り、代表取締役会長兼社長CEOに就任。

しても変えたい」という強い思いがあった。

「お客さまにとって重要なのは、毎日の安全と緊急時にどれだけ迅速に対応できるかどうか。その信頼の確保のために、純正部品を使うこと、リモートメンテナンス（遠隔点検・診断）を行うこと。この二つは必ず実現しないといけないと考えました」

そこで、部品は定期的なまとまった発注で調達力を担保しつつ、適正な在庫コントロールで豊富なストックを常時完備。リモートメンテナンスは、6年もの期間をかけて2007年に「PRIME（プライム）」を開発した。

「これはエレベーター内とセンターを音声でつなぐとともに、エレベーターのスピードや扉の開閉など、さまざまなデータを収集し、異常値の検出や予測なども可能にするもの。独立系初であるとともに、5大メーカー[注2]すべてに対応できるのは当社だけです」と石田は胸を張る。

「根底にあるものは私たちの技術者魂。〝現場が困るものはお客さまも困る〟という私たちの実体験からくるものです」。目論見

（左）JICに設置されたコントロールセンター。「PRIME」も最新版にリニューアルされた。（右）高い技術力と価格競争力を兼備。メンテナンスコストを20％～50％削減

通り、この「ＰＲＩＭＥ」開発を機に、同社は一躍独立系エレベーターメンテナンス業界で大きな存在感を誇るようになる。

リニューアル事業と海外市場でさらなる成長を見込む

現在の事業は、保守・保全・リニューアルの大きく三つ。保守業務は、法定検査、定期点検、監視サービス、緊急対応など。保全業務は、劣化した部品の取り換えや修理。リニューアルは、制御盤や巻き上げ機などの主要部品の取り換えなどを指す。

これらをワンストップで対応することで、事業の相乗が生まれ、より強い競争力を確立してきたが、そのなかでさらに大きな伸びが期待される領域がある。それがリニューアル事業だ。

「エレベーターの各設備の耐用年数はおおよそ20年、このころにはメーカーから部品の供給も停止され、リニューアルへの動きが出てきます。現在までにその対象になるのが、おおよそ30万台、そして毎年新たな案件が次々に出てくるわけです」

現状の同社のシェアのままでも、すべてに対応するのは12年

（注2）三菱電機、日立製作所、東芝エレベータ、日本オーチスエレベータ、フジテック

かかるといい、すでに膨大な受注残を抱えているともいえる。

「そのため制御盤や巻き上げ機など、機器ごとに分割してリニューアルする『Quick Renewal』という手法を確立しました。お客さまの費用負担を減らし、エレベーターの停止期間も大幅に削減するとともに、私たちの作業効率も向上。拡大する需要に効果的に対応することができます」

さらに、軽減したコストを内装に反映する「意匠リニューアル」、そしてインドを中心とした海外マーケットへの取り組みでも大きな実績が見込まれ、成長要素は非常に多そうだ。

「しかしそれらは、あくまでも絶対的な安全や安心の積み重ねのなかで生まれるもの。理念にも掲げる〝見えないからこそ手を抜かない〟精神を大切に、より人材力と技術力を高め、グローバルな舞台でしっかり認められる会社に育てていきたいと思っています」


ジャパンエレベーターサービスホールディングス株式会社

〒103-0027
東京都中央区日本橋1-3-13
東京建物日本橋ビル5F
☎0120-49-8000
https://www.jes24.co.jp/

設　立●1994年10月
資本金●6億800万円
従業員数●998名（連結）
売上高●153億2600万円（2018年3月期）
事業内容●独立系エレベーターメンテナンス・リニューアル会社
2017年3月17日
東証マザーズ新規上場

ナレッジスイート

徹底した顧客ニーズから生まれた〝脳の記憶補助装置〟で中小企業の生産性向上や働き方改革を支援

代表取締役社長 稲葉雄一

「人間の持つ生きた知識の集約と変化を可視化させる」。社名に込めたこのミッションをもとに、独自のクラウドサービスを提供するナレッジスイート。中小企業向けに特化した、高い利便性と導入しやすい費用体系が支持され、年間対応見込み顧客数は3万件を超えるほどの注目ビジネスに成長。ブルーオーシャンのマーケットに、〝ノンポリシーのポリシー〟で挑む。

日本企業約420万社のうち、99・7パーセントを占めるといわれる中小企業。ナレッジスイートは、このマーケットに特化し、CRM（顧客管理）／SFA（営業支援）とグループウェアの機能を一体化させたクラウドサービス『Knowledge Suite（ナレッジスイート）』を開発。圧倒的なインバウンド力（問い合わせ数の多さ）を武器に、これまでに約4900社の導入実績を誇り、創業から11年となる2017年12月には、念願の東証マザーズ上場を果たした。

企業に内在する知の集約で営業の生産性を向上

『Knowledge Suite』が目指すものは、社内に眠る知識の集約と可視化による営業の生産性の向上だ。社長の稲葉雄一は「私たちが提供するものは、〝脳の記憶補助装置〟なんです」と独自の表現で説明する。

「企業では多くの場合、〝受注率〟を上げるためのスキルの向上に注力しがちですが、現実的にはすべての人に高いレベルを求めるのは難しい。しかし、一回当たりの〝訪問密度〟を上げて受注までの訪問回数を減らせば、生産性が向上し、受注率が上がったのと同じ意味を持ちます。例えば、お客さまの相談に対して今までは都度会社に持ち帰り対応を練っていたことが、『Knowledge Suite』を用いて、過去の事例に基づく情報提供や提案がその場で即時にできれば、商談は格段にスピードアップする。そういう効果が期待できるのです」

わが社はこれで勝負! 400～500社

虎ノ門の新オフィスエントランス

ナレッジスイートの受注は、Webから毎月400～500件の問い合わせと、展示会や広告の反響なども合わせ、年間3万件（累計20万件以上）を超える見込み客からなる。この膨大なデータをもとに、「Knowledge Suite」を活用することで効率的な営業アプローチを行い、成長への大きな源泉となっている。

そして同社は、サービスの仕様を中小企業向けに特化。顧客との対面営業を大切にし、ニーズに徹底して向き合ったこと、使いやすく定着しやすい設計にしたこと、導入しやすい課金の仕組みにしたことなどが優位性となり、多くの支持を集めることになった。

「大手の製品は、多種多様な機能があることをアピールしがちですが、中小企業で必要とされるニーズは限られています。私たちは必要な機能に絞って、何よりも使いやすさを優先して開発を進めてきました」と稲葉は、その特徴を一つずつ解説する。

「私たちは〝ノンポリシー〟をポリシーに掲げているように、徹底的にユーザーオリエンテッドな会社です。日々寄せられるたくさんのお客さまの声から、ご要望の多いものを都度反映し、毎月のように機能を更新し続けています。なかでも特定の業種からの要望を、他業種でも使えるように汎用性の高い仕様としてつくり込むのは、私たちが非常に得意とする領域です」

とはいえ、システムの優位性が高くても、継続して使われなくては意味がない。稲葉はこの点も重視した。「例えば、ＣＲＭ／ＳＦＡのシステムとグループウェアを一体化させたこともその一つに挙げられます。往々にして営業マンは、アポイントの予定は丁寧に管理しますが、事後処理は面倒に感じやすい。それは入力作業の繰り返しになる部分が多いからです。『Knowledge Suite』では、予定として入れた情報がそのままＣＲＭ／ＳＦＡに引き継がれる。特許取得済みのこの機能をもとに、手間を大幅に軽減することが可能になります」

PROFILE

稲葉 雄一
いなば ゆういち

1968年、東京都出身。ITベンチャーで、WebベースのCRM/SFAを開発、その後電通グループで大手企業のプロモーション、顧客管理システムの構築などに携わる。2006年ブランドダイアログ（現・ナレッジスイート）を設立、代表取締役社長に就任。

中小企業にとって気になるコストも非常に低価格で柔軟だ。一般的に多いＩＤ単位ではなく、同社はストレージ量で課金する。「サービスは無料。その代わりにデータを安全に管理するための『貸金庫代』をください という発想です。この方式だと、導入コストを抑えることができ、費用が増える時はサービスを有効に活用できている時。お客さまの成長と私たちの事業の成長が同期する、非常によい関係が生まれるのです」

中小企業の〝成長への登竜門〟となる会社に

「徹底的にユーザーオリエンテッド」の言葉に表れているように、同社は技術の会社という以上に、マーケティングやプロモーションのプロといった色合いが強い。それは、稲葉の創業までの経歴に由来する部分が大きいだろう。

ＩＴベンチャー在籍時に、当時国内の先駆けとなるインターネット型のＣＲＭ／ＳＦＡを開発し、その実績を買われ電通グループに転籍。自動車メーカーや損保、アパレルなどの超大手

ビジネスに必要なCRM、SFA、グループウェアが機能連動した「Knowledge Suite」。右下は、地図上で顧客を育成するフィールドナーチャリングCRM「GEOCRM.com」

企業の顧客管理やプロモーションなどを幅広く手がけた。そして「どうしたら成果に結びつくか」に徹底的に取り組み、顧客本位でシステムのあり方を考える習慣が身に付いたのだ。

ただ２００６年の創業から長く、「全く出口の見えないトンネルのなかを走り続けていた」と稲葉は振り返る。積極的な販促や強力な反響の仕組みづくりで、当初から問い合わせは多く、顧客開拓も順調に進んだが、だからこそ逆に経営は厳しかった。

「クラウドは、投資から回収までに時間がかかります。増え続けるお客さまに対応するシステムの開発費や人件費が、絶えず先行してのしかかったのです。この時の経験から、今でも利益と投資のバランスには非常に気を遣っています」と稲葉は言う。

もう一つ意識していたのが「買える信用はとことん買う」という姿勢だ。「会社の生命線となるデータを、信用できない企業に預けられませんよね。そこで私たちは、プライバシーマークやＩＳＯ２７００１の取得、外部機関による脆弱性の監査や超大手企業との資本提携などを進め、事業が回りだしてからは、自己資本比率を高め、安定したキャッシュポジションの確立に注力しました。『この会社はつぶれないぞ』というイメージを形づくってきたのです」

上場を目指したのも、信用確保のための一つの大きな策だったが、稲葉にはもう一つ大きな狙いがあった。それは自らの事業の有用性を、上場を通じて社会に発信することだ。

「『Knowledge Suite』を徹底的に活用することで、規模の小さい当社でも上場することができる。その可能性を見せたかったのです。たとえ、お客さまの会社が大きくなり、システムを他社に乗り換えたとしても、それは私たちが使命を果たせたということ。私たちのサービスが〝成長への登竜門〟となるなら、こんなに嬉しいことはない。そして私たち自身も、この圧倒的にブルーオーシャンのマーケットのなかで、さらなる成長を実現していきたいと思っています」

ナレッジスイート株式会社

〒105-0001
東京都港区虎ノ門3-18-19
虎ノ門マリンビル7F
☎03-5405-8111
https://ksj.co.jp/

設　立●2006年10月

資本金●6億3828万円

社員数●56名

売上高●7億9067万円
(2017年9月期)

事業内容●クラウドコンピューティング形式で提供されるグループウェアを含むCRMやSFA等の営業支援システム開発・販売

2017年12月18日
東証マザーズ新規上場

No.1

フィロソフィの再構築でさらなる成長への足固めに中小零細企業の〝No.1〟ビジネスパートナーを目指す

代表取締役社長 辰巳崇之

No．1という社名に込められた、〝日本の会社を元気にする一番の力へ。〟という経営理念。中小零細企業に対象を絞り、OA関連商品や情報セキュリティ商品の販売と、情報システムの諸問題に対応するシステムサポートの2軸で事業を展開する。2017年3月に東証JASDAQに上場を果たし、翌年にはフィロソフィを再構築。成長スピードをさらに加速させている。

2018年3月、第30期を迎えるにあたり、No．1は「No．1フィロソフィ」を策定した。フィロソフィは、社長の辰巳崇之自身のこれまでの語録をあらためて明文化したもので、その根幹にある哲学は〝感謝と歓喜〟。例えばその語録には、「感謝や歓喜のある人生は、自身を果てしなく成長させて、思いもよらぬ境涯になるのは間違いない。それが自身の人間力の向上であり、一家一族の幸福と繁栄の原動力であると確信している」などのフレーズとして表現されている。

「10年前の社長就任時にも、一度フィロソフィや行動規範を策定したのですが、徐々に形骸化しており、会社が目指す方向性を明確に表しているものなのか、わかりにくいと思うようになったのです」と、辰巳は今回の「Ｎｏ．１フィロソフィ」再構築の背景を説明する。

「社長就任10年を経て、この機会にしっかり自分の言葉にして伝えようと。そして社員も増え、直接声で届けられる範囲も限られるようになってきたため、誰にでもわかりやすいものにすることが大事だと考えました」

辰巳らしいセンスが感じられるのが、「経営理念を自分の上司にしようと思った」という言葉だ。「社長は誰にも怒られないし、誰にも相談できない。何かを決める時は、この理念に関係あるかどうか、この判断をすることでこの理念の達成につながるのかどうか、基準をそこに置く。経営理念を自分の上に置くことで、事業をきちんと理念にかなったものにしていくことにつながると思うのです」

わが社はこれで勝負!

13586社

No.1のオフィスコンサルタント事業では、シャープやNTT、キヤノンをはじめとした各メーカーのMFP（多機能プリンタ）やビジネスフォン、また自社企画商品である情報セキュリティ機器を提供している。同社の商品を導入し、保守・メンテナンスのサービスを受けている顧客数は、現在1万3586社に及ぶ。

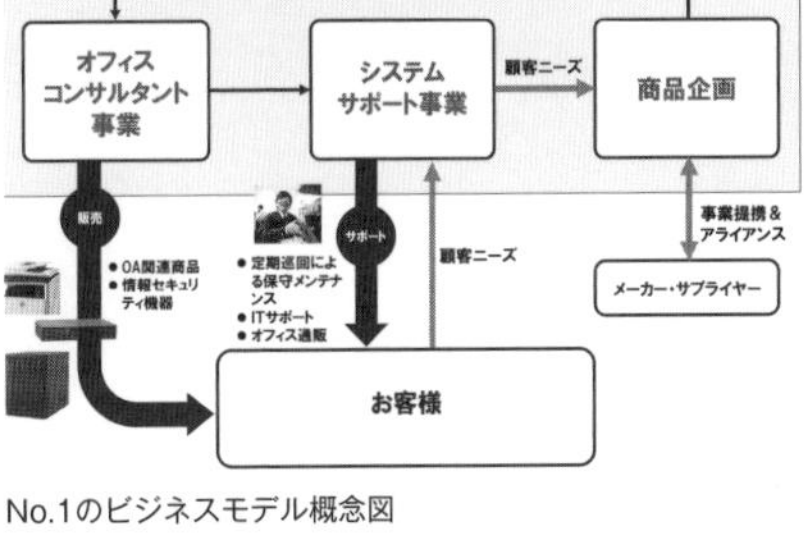

No.1のビジネスモデル概念図

もう一つ興味深いのが、辰巳の語録を集めたものでありながら、策定は社内のさまざまな部署から人が集まり、自発的に編集が行われたということだ。「この言葉をぜひ入れたい」という意見も出てきたりと、「すでにフィロソフィの効果は確実に表れてきている」と笑顔を見せる。そして今回の策定は決してゴールではなく、絶えず変化・進化させていくのだと言葉を続ける。

販売とサポートの二つのセグメントによって、顧客との関係性が強いビジネスを展開

日本には現在、約420万の企業が存在する。そのうち、従業員数が10名未満の零細企業が全体の85・8％を占め、同社が対象としているのは、まさにこの企業群である。「これらの会社は、商談相手が社長で、決裁スピードが速いのが特徴です。さらにマーケットが大きい。その企業のニーズをかなえるビジネスモデルを、創業以来構築してきました」と辰巳は説明する。

同社の事業ドメインは、ＯＡ関連商品や情報セキュリティの商品販売、経営支援サービスを行う「オフィスコンサルタント事業」と、システムサポート、ＩＴサポート、オフィス通販を行う「システムサポート事業」の2軸からなる。販売とサポートの二つのセグメントを持つことによって、顧客接点の頻度が多く、顧客との関係性が強いのが特徴だ。

創業時は、法人向けのソフトウェアの販売会社としてスタートした。1993年からＯＡ機器販売に着手し、翌年には自社販売のＯＡ機器の保守・メンテナンス業務を開始。販売だけでなく、

PROFILE

辰巳 崇之
たつみ たかゆき

1964年、東京都出身。1983年東京マホービンセンター入社。その後、横浜オフィスオートメーションなどを経て、1995年ジェー・ビー・エム（現・No.1）入社。1997年取締役就任。2008年より代表取締役社長。

保守・メンテナンスを行うことが同社の成長要因になった。

「もし当社がOA機器の販売だけで、保守・メンテナンスをメーカーに任せていたら、お客さまはやがて、そのOA機器をどこから買ったのか忘れてしまいます。保守・メンテナンスを通して頻繁に接点を持っていれば、当社のお客さまという意識が希薄化せず、入れ替え需要の時に再び声がかかるのです」

成長への転機は、2008年に辰巳が新社長に就任し、新経営体制がスタートしたことにある。いわば第2創業期として、新たなサービスを打ち出しながら成長を加速させた。その一つが〝経営支援サービス〟である。

同社の顧客層=零細企業には、「雑務を社長自らが行う」という課題が存在している。社長本来の仕事は、企業経営全体の経営理念やビジョンの構築、その戦略遂行であるべきなのだが、雑務に時間を取られていることが多いのが現状だ。

「特にお客さまからの相談が多いのは、会計や税務、人事や労務の分野です。そこで当社では士業の専門家と連携して、お客

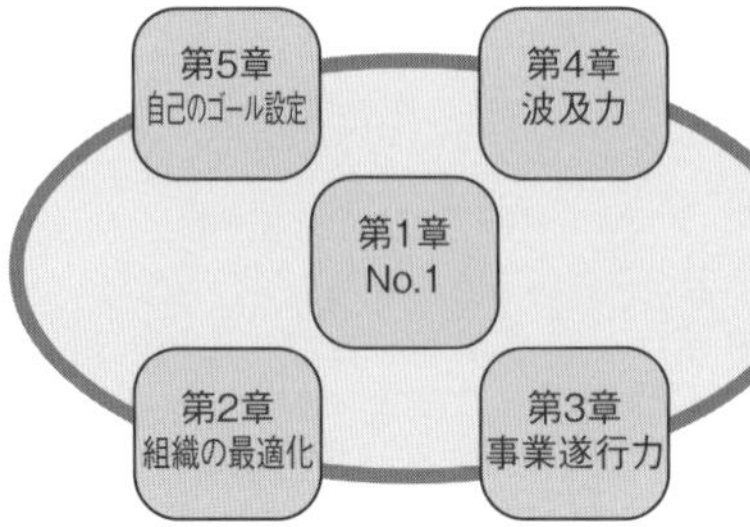

（左）個人情報保護法の技術的安全管理措置をワンストップサポートする「NWS－2T500SS」サーバー。（右）5つの章からなる「NO.1フィロソフィ」全体像

さまからの相談ごとに対応するソリューションサービスを手がける体制を整えたのです」

中小零細企業に欠かせないインフラになるのが目標

もう一つの新たなサービスは自社企画商品、ＵＴＭならびにサーバー機器の販売だ。ＵＴＭ(Unified Threat Management)は〝統合脅威管理〟という意味で、同機器はファイアウォールによるゲートウェイセキュリティ機能を基礎として、アンチウイルスなど複数のセキュリティ機能を持ち、それらを統合的に管理する機能を備えたものだ。

「今、中小零細企業の情報セキュリティ対策は重要な経営課題。社内のＩＴシステムを片手間で管理している企業は、ウイルス感染に気づいた時の適切な処理が迅速に行われず、二次感染を招いたり、解決に多大な時間を要して業務に支障が出るリスクがあります」と辰巳は指摘する。

ここでも機器の販売だけでなく、保守・メンテナンスを通してお客さまに対する密接なサービスが提供される。同社のUTMならびにサーバー機器は、いわば顧客のニーズから生まれたマーケットイン型の商品だ。そしてこれらの事業を俯瞰的に見ると、機器の販売を行い、システムサポート事業を通して顧客ニーズを吸い上げ、それを商品企画に生かしていく。循環型ビジネスモデルが構築されていることがわかる。

2017年3月、同社は東証JASDAQへの上場を果たし、中長期の目標として、事業規模の拡大（商品ラインナップと販売チャネルの拡大）による、2022年2月期の売上高100億円を掲げる。「私たちの本当のライバルは同業他社ではなく、最終的には〝公共料金〟。中小零細企業に欠かせないインフラになることです」と辰巳は語る。明確なターゲットと堅実なビジネスモデル、そして独自のフィロソフィの浸透が、同社の成長を支えている。

株式会社No.1

〒100-0011
東京都千代田区内幸町1-5-2
内幸町平和ビル19F
☎03-5510-8911
https://www.number-1.co.jp/

設　立●1989年9月

資本金●5億1800万円

従業員数●435名

売上高●77億5300万円
(2018年2月期)

事業内容●オフィスコンサルタント事業、システムサポート事業

2017年3月28日
東証JASDAQ(スタンダード)新規上場

インソース

目指しているのは研修業界の「劇団四季」働き方改革を先導し多様な人材の可能性を引き出す

代表取締役執行役員社長 舟橋孝之

講師派遣型研修、公開講座、eラーニングなど、2500もの豊富なカリキュラムを持ち、年間研修実施1万7000回、年間受講実績41万人という、業界では圧倒的な実績を誇るインソース。「人材の多様性」「人のアビリティを最大限生かす職場づくり」への強いこだわりが、サービスの多彩さを生み、独自の個性と高い競争優位性につながっている。

「ほとんどの組織では、仕事の内容と定員が先に決まっていて、このスキルの人が何名必要という形で採用を行います。それに対して当社は、スタッフの顔ぶれと能力に合わせて組織をリデザインしていきます。考え方が逆なのです。しかし、少子高齢化の時代で企業が生き抜いていくためには、それが自然な形になっていくのではないでしょうか」。インソース社長の舟橋孝之は、このような自社のありようを「21世紀型の先進企業」という言葉で表現する。

実際に同社のスタッフの陣容は非常に多様だ。女性が全体の56パーセントを占め、外国出身者やLGBT、障がい者の方、「最近も60代の方を大量採用した」と言うように、シニア世代のスタッフも非常に多い。

「もともとは中小ベンチャーの〝弱者の戦い〟として始まったのが本音のところです。しかし研修会社ですから、人材の能力を引き出していくのは得意。さらに社員それぞれの個性が、提供するカリキュラムの多彩さを生み出していくのです」と舟橋は言う。

確かに、同社のカリキュラムは驚くほどバラエティに富む。新人研修や管理職研修などの定番モノを柱に、業界別、部門別、テーマ別、ニーズ別など、さまざまな切り口でカテゴライズされている。

なかには「鉄道会社向けの車内アナウンス研修」「保育士向けのクレーム対策研修」「ブランドイメージに見合ったスキルを身に付ける、高級ブランド・ハイブランド向け研

わが社はこれで勝負! 21006社

講師と教材作成を完全分離し、講師は研修に専念する

インソースのサービスは、これまでに2万1006社で利用されている。製造業、流通、金融、IT、建築、医療分野まであらゆる対象を網羅するが、官公庁に非常に強いのも特徴だ。全国の市区町村の約56%、政令都市や東京23区のすべて、45の都道府県で実績を誇るなど、そのシェアは圧倒的だ。

修」など、個性的なテーマも多い。最近では、人生にどれだけのお金が必要かを切実に感じることができる「ワークライフマネーバランス研修」も、女性に非常に人気があるという。

組織の数だけ課題や悩みがあり、人の数だけ学びが必要となる。同社の人材の多様性と柔軟な組織戦略は、社会や企業のニーズを繊細により深く、反映させやすいものになっているのだ。

明確な役割分担により、高品質な研修を安定して供給

「持てる戦力で最大限のパフォーマンスを実現する」ための手法として、同社ならではの明確な役割分担がある。その一つが、講師と教材制作を完全に分離したことだ。舟橋はそれを「劇団四季」になぞらえて表現する。

「研修を受け持つ講師が俳優、教材を作成するのが劇作家に当たります。シナリオを書く者は、より魅力的な教材になるよう専念し、講師は与えられたシナリオをもとに、より高いパフォーマンスを発揮できるよう講演の腕を磨く。シナリオがあることで、一部のスター講師に頼ることなく、全国で研修が実施できるのです」

多くの場合、研修会社は講師が講演も教材制作も行うことが一般的だ。しかし本来それぞれに求められるスキルは違う。研修の内容が属人的になり、すべてを高いレベルに保つことは難しい。事業のスケールもしにくくなる。それに対し同社は、得意なものに特化させることで、高品質な

PROFILE

舟橋 孝之
ふなはし たかゆき

1964年、大阪府出身、神戸大学経営学部卒。1988年三和銀行（現・三菱UFJ銀行）入行。2001年にプラザクリエイト入社。2002年インソースを設立、代表取締役に就任。2015年より代表取締役執行役員社長。

研修を安定して供給し続けることが可能なのだ。

講師選定も、舞台と同じようにオーディション形式で、人気が上がるほど査定がよくなり給料が上がるのも同様だ。そのため、募集を出すと常に応募が殺到し、合格率はわずか1パーセントという究極の狭き門になっているという。

そもそも舟橋は、従来の研修のあり方にかねてから疑問を感じていた。「正直いって、私は研修というものが好きではなかった。身にならなかったし、参加していても面白くなかった。そのさまざまな違和感が、今の取り組みの原点になっている」と、事業着眼の背景にあるものを説明する。

「研修が高いパフォーマンスを発揮するには、参加者が楽しいと感じとることが重要です。自発的な意欲を持てたり、周りの参加者と共感や合意を得ることができたり……。ですから私たちの研修は、すべてグループワークを用いています」

そしてこの時にも、劇団四季になぞらえた独自の「研修のエンターテインメント性」が大きな効果をもたらしている。

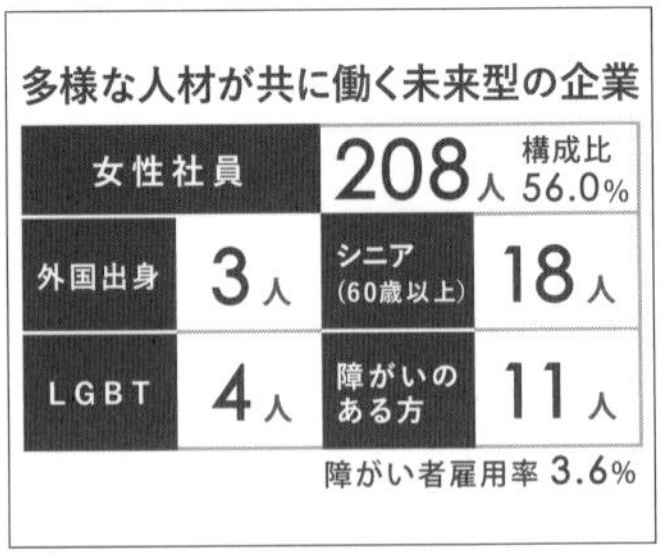

（左）ホームページには、提供する研修メニューの詳細を徹底して開示。膨大な問い合わせ数を生む原動力となっている。
（右）多彩な人材が個々の能力に合った現場で活躍している（2018年3月末時点）

「21世紀型先進企業」として頼られ続ける存在に

同社のビジネスは、「限られた時間で最大限の効果をあげる改革」を目指したものだ。

その中心となるのが、人材育成事業で、個別の課題にオーダーメイド型の研修を提供する「講師派遣型研修」、毎月新作20本以上、１８００以上のカリキュラムを持ち、全国７カ所で常時開催する「公開講座」、映像を用いた自己学習ツール「ｅラーニング」などを提供している。スマートフォンで撮影した動画を教材として活用できる「ＳＴＵＤＩＯマイクロ」も人気だ。

他にも、アセスメントや評価ソリューションを提供する人事・人材戦略、経営理念浸透などを支援する経営力向上支援、自治体・官公庁向けコンサルティングや、ストレスチェックサービスなどを提供する安全衛生向上支援などの各事業がある。

そのなかでも、新入社員の即戦力化を目指す「新人８大スキルアセスメント」は、Ｗｅｂ公開後すぐに２５０社で実施されるほど人気となり、ＡＩ研修や導入コンサルティングサービスも非常に注目度が高いという。

「会計や営業におけるＩＴ化は定着しつつあるかと思いますが、人事周りはまだまだ導入が進んでいないというのが実情です。あくまでも試算ですが、人事総務関連のＩＴ化により８２００億円ほどの人件費削減につながる。その貢献ができるのではないかと考えています」

舟橋がインソースの社名に込めたものは、「アウトソースしなくても、組織の内部の力を底上げすることで、会社の活性化はできる。そのお手伝いをしたい」という思い。

「働き方改革の先駆者」としての自負を強く持ち、多様な人材の可能性を引き出し、東証一部企業まで育て上げた自らの経験を大きな武器に、「企業におけるさまざまな悩みや課題を解決する、頼られる企業であり続けたい」と、舟橋はその言葉に力を込める。

株式会社インソース

〒101-0054
東京都千代田区神田錦町
1-19-1
神田橋パークビル5F
☎03-5259-0070
https://www.insource.co.jp/

設　立●2002年11月
資本金●8億62万円
社員数●371名
売上高●35億8516万円
(2017年9月期)
事業内容●人材育成、安全衛生、自治体・官公庁コンサルティング

2017年7月21日
東証一部市場変更

オロ

二つの事業領域で企業を内側と外側から強くするプリミティブな積み重ねを大切に「世界に誇れる」企業へ

代表取締役社長　川田　篤

クラウドERPによる経営管理支援を手がけるビジネスソリューション事業と、デジタルを基盤にしたマーケティング支援を行うコミュニケーションデザイン事業。「企業を内と外から強くする」二つの事業の相乗で、企業の生産性向上を先導するオロ。「本質的によいと思うことに対して真面目に取り組む」王道スタイルの経営で、さらなる成長を見据えている。

創業から20期連続(注1)で売上げを伸ばし、すべての期で黒字を達成。途中、ITバブル崩壊やリーマンショックなど、IT業界が激震に襲われた時期は何度もあるが、そのなかでもオロは着実に右上がりの軌跡を描いてきた。直近3期の経常利益率は20パーセントを超え、2018年3月には東証一部上場も果たした。ベンチャー企業としての躍動感は保ちつつ、バランス力と地力の強さを併せ持った企業力の高さは際立っているといえよう。

(注1) 2014年度は決算期変更により9カ月決算だったため、年換算での数値になる

社長の川田篤は、その根幹に「チームマネジメントの強さ」があると語る。「当社は創業間もないころから、リーダーがチームマネジメントを自責的に考える習慣がありました。売上げから利益まで、チーム別・プロジェクト単位で採算管理を行い、数字をきちんと把握し業務にあたる。それが継続され進化しているところが、会社の底堅さの本質的な要素としてあると考えています」

　そしてこれらは、顧客から学び、社内に浸透し、サービスに反映され、また顧客に還元されるといった、事業活動を通じたプラスのスパイラルのなかで、高め合い育ててきたものだ。時流に左右されない同社の強さは、こうして生み出されてきた部分も多いといえるだろう。

受託とマーケティング、二つの領域の接近に着目

　1999年、川田は大学時代の友人と二人で同社を創業した。当初は得意のITスキルを武器として、受託を中心

わが社はこれで勝負!

130000以上

「ZAC」の導入実績は、広告、ITサービス業を中心に500社以上、稼働ライセンス数は13万を超える。ターゲット層となる中堅・中小企業は、国内におよそ4万5000社と想定され、そのうちの4000社獲得を中期目標として掲げている。さらに海外マーケットへの展開も予定している。

クラウド型の統合基幹業務システム「ZAC」機能図

に何でも手がけたといい、「この時に、今のZACで提供しているような内容のシステムを開発したのですが、これが非常に大きな財産になりました」と振り返る。伸びている企業の経営者のノウハウや考え方を、仕事を通じて吸収し、それらを自社の経営やビジネスに生かせる要素が非常に大きかったからだ。そして、丁寧な仕事ぶりは口コミとなって広がり、多くの紹介をもとに事業の裾野を広げていった。

同社の事業の特徴として挙げられる、「企業のデジタル化を内と外から支援する」というビジネスモデル。その着眼はかなり早くからあったようだ。

「例えば、広告会社の業務システムをつくったり、SIer（システムインテグレーション事業者）のウェブサイトをつくったり。システム開発とマーケティングの二つの領域が近づいてきているなと。そしてその間に、大きな産業ができるのではと感じていました」

そこで2004年以降、企業の基幹業務システムをパッケージとして提供するビジネスソリューション事業と、ウェブ制作などを通じて大企業のコミュニケーションを支援するコミュニケーションデザイン事業を二軸に、それぞれに競争力の高いビジネスをつくり上げた。そしてそれぞれが、ほぼ同じ売上げ構成比で成長。そのバランスのよさも大きな魅力だ。

前者の核となるものは、クラウドERPパッケージの「ZAC（ザック）」。プロジェクトを軸にした販売・購買・勤怠・経費管理機能で、プロジェクト収支の見える化、管理会計、内部統制、

PROFILE

川田 篤
かわた あつし

1973年、北海道出身。東京工業大学卒業後、1999年に大学時代の友人と二人で創業。その後、有限会社オロを設立、代表取締役就任。2000年に株式会社に組織変更。

決算早期化を実現する統合基幹業務システムだ。

特にＩＴ事業者や広告代理店など、「仕事内容が毎回違って原価が可視化しにくい」事業に効果を発揮するという。

「中小・中堅企業は最初、会計やグループウェアなど特定業務・特定部門単位で業務の最適化を図りがちですが、私たちはもう少し次の段階、組織全体で統合したＩＴ活用を図ろうと考えるステージの企業向けです。例えば、業務のヌケ・モレの発生などの作業ミスが多い、収支を正確に把握できていない、売上げ・利益予測の精度が低いなど、企業のさまざまな課題解決の場で、ＺＡＣは活用されています」と川田は説明する。

そして同社内でも顕著な成果が出ているように、「リーダーを育成するための最高のツール」というのが自慢の一つだ。

現在、導入企業数は約５００社に上るが、対象企業は４万５０００社ほどと予測され、伸びしろはまだまだ多そうだ。

もう一つの軸、コミュニケーションデザイン事業は、主にナショナルブランドなどの大企業向けに、企業のマーケティング

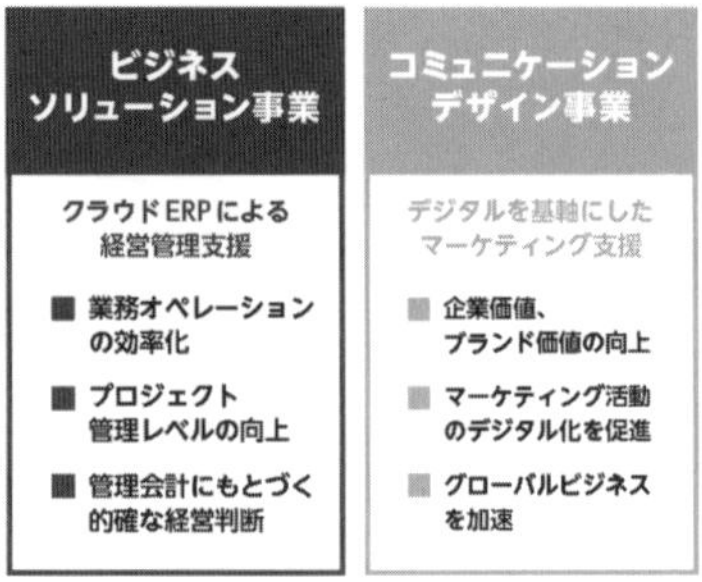

（左）感謝の気持ちをカタチにして相手に伝える社内Greeting Point「オロン」
（右）２つの柱からなるオロの事業領域図

パートナーとして、市場調査・分析から、戦略策定、ソリューション構築・運用まで、ワンストップフルサービスを手がけることを強みとする。

また国内ならびに東南アジア各国に、ニアショア・オフショアの拠点を設け、内製体制を確立。高い収益力を生み出す基盤になるとともに、近年ニーズが高まるインバウンド向けへの対応の充実も図っている。

「今後システムやソリューションは、もっとテクノロジーを前提に、内部から経営を組み直すツールになってくるはずです。私たちは、それをサポートできる会社でありたい」と、川田はさらなる事業の相乗を見据えている。

テクニカルではなくプリミティブに

同社の事業の強さをつくりだす、もう一つの核。それが経営理念と行動指針を軸にした経営スタイルだ。「プリミティブに、ストイックに」正しい人たちが評価される仕組みづくりに力を入れ、「テクニカルに走ったり、結果さえ出せばいいと考えたり、ずるい人は生きにくい会社になっている」と川田は言う。

例えば同社が導入している社内通貨制度「オロン」も、そういった〝らしさ〟が表れた取り組みの一つだ。これは、社員相互で感謝の気持ちをポイントに変えて送るもので、かなり長く根づいている。贈ることで意識的に感謝をする人を探すため、感謝をするためのカルチャーができており、「オロンはよい制度だとよく言われる」と川田は笑顔を見せる。

これまで「身の丈に合った投資」を心がけてきたという同社も、すでに東証一部企業。「身の丈」のスケールは上がり、見据える未来は大きく広がった。「より多くの幸せ・喜びを提供し、世界に通ずる一流企業」を目指し、愚直で真摯な挑戦は続く。

株式会社オロ

〒153-0063
東京都目黒区目黒3-9-1
目黒須田ビル
https://www.oro.com/

設　立●1999年1月

資本金●11億8500万円

社員数●337名（連結）

売上高●39億1000万円
（2017年12月期連結）

事業内容●ビジネスソリューション事業（クラウドERP「ZAC Enterprise」、クラウドPSA「Reforma PSA」の開発・提供など）、コミュニケーションデザイン事業

2018年3月26日
東証一部市場変更

ハウスドゥ

業界の常識を覆して不動産情報のオープン化を推進 FC事業で国内1000店舗の「不動産コンビニ」を目指す

代表取締役社長CEO　安藤正弘

不動産売買の仲介からスタートしたハウスドゥは、不動産売買仲介専門のFCを展開、100パーセント情報開示の企業理念で事業を成長させてきた。2016年には東証一部に市場変更、ハウス・リースバック事業や不動産金融事業など、新たな仕組みづくりにも積極的だ。目指すのは時代に即した不動産ソリューションサービスを提供する「不動産コンビニ」である。

業界の常識にとらわれない自由な発想で、顧客のニーズを一つひとつ事業化してきたハウスドゥ。現在同社が注力している「ハウス・リースバック」というサービスは、その典型的な例だ。

「きっかけは、あるお客さまからの要望でした。事業のために資金が必要だが、金融機関はどこも貸してくれない。今住んでいる家を売却して資金をつくりたいが、引っ越しはしたくない。同じ家に住み続けながら、売却できる方法はないか？　と相談されたのです」と、社長の安藤正弘

（注1）店舗数、保有件数などの各数値は、2018年3月時点のもの

は事業の契機となった出来事を振り返る。

システムはシンプルだ。持ち主が所有している家を、あらかじめ使用する期間を決めて同社が買い取る。売却後はリース契約をすることで、持ち主は今までと同じ家に住み続けることができる。将来的に、持ち主がその家を再び購入することも可能だ。

「文字通り、コロンブスの卵のような仕組みなのですが、お客さまの要望を聞いて思い立ちテストマーケティングしたところ、大きな反響があったので事業化したのです」

ポイントは所有から使用への転換だ。買い取り金額は一括して支払われ、人に知られることなくスムーズに手続きができる。引っ越しせずにすむので仮住まいを用意する必要がなく、不動産売買なので厳格な金融審査も不要だ。開始後5年となる現在では、問い合わせ件数が年間7000件を超えるほど注目を集め、保有件数は595件に上る。

さらに2018年3月には、国内で初めて組成されたリ

わが社はこれで勝負!　目標50000店舗

国内・アジアで積極的な店舗展開を予定

2025年までに国内累計加盟店舗数512店舗（注1）を倍増、1000店舗体制を目指す。さらにアジアにもエリアを広げ、計50000店舗を目標に掲げる。直営店の中心は、売買仲介メインの「ハウスドゥ!」と、買取メインの「家・不動産買取専門店」の併設型で、住まいに関するサービスをワンストップで提供する。

ースバックファンドへの売却を実行。今後もストック事業の安定収益に加え、定期的にファンドや不動産業者、投資機関などへの売却も視野に入れ、キャピタルゲインによる収益化も図っていく予定だ。

リバースモーゲージ保証事業を新たにスタート

不動産の有効活用や、資産を資金化するニーズは近年非常に高まっており、同社ではハウス・リースバック、不動産担保ローンに続いて、金融機関と提携してリバースモーゲージの保証事業もスタートした。

「リバースモーゲージは、不動産を資金化したいが売却したくないというニーズに応えるものです。多くの金融機関が扱っていますが、不動産流通に対する知見や、実際の販売力がないため、市場はそれほど活性化していません。当社は500店超のFCの販売網による不動産売買仲介を通じて、絶対的な売買データ量の多さと物件の目利き、さらに流通に乗せる力があるため、当社が保証することにより強固な仕組みづくりが可能です。今後高齢化が進むにつれ、老後の蓄えに不安がある世帯が増え、不動産を資金化する需要はますます増えてきます」と安藤は語る。

金融機関からの関心も高く、2017年10月の大阪信用金庫との提携によってスタートした。2018年4月には第二弾となる大阪商工信用金庫との提携を発表し、今後もさらなる拡大を進

PROFILE

安藤 正弘
あんどう まさひろ

1965年、京都府出身。1991年京都にてオリエントハウジングを創業。不動産の売買仲介業からスタートし、リフォーム事業、不動産買取事業、不動産売買仲介専門のFC事業へと展開。2005年ハウスドゥに社名変更。

めていく予定だ。

もともと不動産の仲介からスタートした同社だが、創業時から不動産業界の〝常識〟に反旗を翻してきた。「きっかけは、この業界特有の情報の囲い込みをなくし、取引の主導権を住む人の側に引き寄せたいと考えたからです」と、安藤は振り返る。

情報の囲い込みとは何か？　背景にあるのは物件情報の不透明感だ。例えば中古住宅の売買の場合、売り手と買い手の双方が仲介業者に対して手数料を払うが、同じ仲介業者が売り買い両者をつなげば、手数料は2倍となる。そのため業者は情報を自社で抱え込み、情報を開示しないようにする傾向がある。なかには、不当に物件価格を下げたり、他社の買い手が高い値段を提示しても売り手に伝えないというケースもあるという。

「創業当初は会社に力がなかったせいで、なかなか情報を出してもらえず、本来ならば売れるべきものが売れないということが多々ありました。しかし情報を開示しないのはルール違反だし、常識的に考えてもおかしい。視察に行った米国では、ルー

（左）空室対策の一環として始めたタイムルーム事業。（右）問い合わせ数が年間7000件を超えるほど注目度の高いハウス・リースバック事業

ルはもっと厳格でした。ならば当社は、透明性と流動性を高くして業界のイメージを一新させようと思ったのです」

　その企業理念を軸にして、不動産売買仲介専門のフランチャイズチェーン（ＦＣ）をスタート。地域に密着した不動産業にはもともとＦＣが向いていると思ったからだ。

　その思惑は当たった。安藤の考えに賛同する業者は多く、地域の有力企業をはじめ加盟店は順調に増加し、現在は全国に５００店舗超を展開する。そして２０２５年までに国内１０００店舗、さらにアジア５万店舗体制を目指している。

空室を利用した〝時間貸し〟サービスを考案

　さらに今年度から「レントドゥ！」という名称で賃貸不動産仲介事業に参入。現在、空き家率は全国平均で13・5パーセント、２０２８年には４軒に１軒が空き家になるといわれ、賃料相場も下落傾向にある。その空室対策の一つとして、同社では「タイムルーム®」という新たなコンセプトのサービスをスタートする。「簡単にいうと、空室で困っている家主さま向けに、時間貸しのレンタルスペースを提案するものです。空室物件の地域に合うニーズを調査して、用途に合わせた内装や家具を設置、専用のアプリで集客を行います。京都・大阪の自社物件でテストマーケティングを実施しましたが、パーティや会議、イベントやオフィスとして活用され、問い合わせ件数も増加。潜在的な市場は大きいと感じています」と、安藤は手応えを語る。

このほか、今年度から優秀な人材を募るため、フルコミッションのエージェント制を開始、正社員にとらわれないユニークな働き方も提案する。さらに、持ち家比率が高いタイの中古市場に注目し、現地の合弁会社の設立を検討するなど海外展開も視野に入れる。「不動産のあらゆる価値を引き出したい」という安藤の言葉に、同社の理念が込められている。

株式会社ハウスドゥ

〒100-0005
東京都千代田区丸の内1-8-1
丸の内トラストタワーN館
17F
☎03-5220-5003
https://www.housedo.co.jp/

設　立●2009年1月

資本金●3億6100万円

社員数●439名

売上高●168億4000万円
(2017年6月期グループ連結)

事業内容●フランチャイズ事業、ハウス・リースバック事業、不動産金融事業、不動産売買事業、不動産流通事業、リフォーム事業

2016年12月8日
東証一部市場変更

識者インタビュー

挑戦する、一番乗りする。その姿勢が世にないものを生み出そうという力になる

リアルテックファンド代表／ユーグレナ取締役　永田暁彦

財務・経営戦略担当役員として、ユーグレナが東証一部企業になるまでの成長を支え、その経験をもとに、「人類や地球の課題解決に挑戦するリアルテックベンチャーを支援する」リアルテックファンドの代表を務める永田暁彦。経営者と投資家、それぞれに高い評価をされる永田独自の視点から、スケールする企業に必要なもの、先陣を切るからこそ生まれるさらなる可能性、そして今後期待する日本のベンチャーマーケットの方向性などを聞いた。

ユーグレナの社長である出雲充との出会いは2007年のこと。出資会社の一つとして社外取締役を派遣することになった際、私が担当することになったのがきっかけです。

その後、当社にジョインすることになったのですが、まだ当時は全く無名、ユーグレナのビジネスが今ほど成長を遂げるとは、誰もが想像し得なかった時代でした。しかし私は、社外取締役としてかかわりを持ってい

くなかで、「この会社はいける。一緒に働いてみたい」という感覚がとても強くなってきました。それは次のような三つの理由が挙げられます。そしてこれは、現在のベンチャー投資の判断基準にもなっています。

手段と目的が適切に分配されていて、その目的に一直線な経営を心がける

一つには、出雲をはじめとする経営陣が掲げたビジョンに対して、命がけともいえる強固な意志で事業を進めていたこと。そしてその大きなビジョンと堅実なキャッシュフローのバランスがとれていたこと。さらに3名の創業メンバーがそれぞれ強い個性と専門性を持ち、役割が明確化され、チームとしての基準点が非常に高かったこと。ですから私は「このチームには、エースピッチャーがいて素晴らしい打者もいる。ここにしっかりしたキャッチャーがいれば、よりよいチームになるはず」と自分自身の未来を重ね合わせたのです。

「ビジョンに対する命がけ」という言葉は、具体的には「手段と目的が適切に分配されていて、その目的に一直線の経営」と表現できるでしょうか。技術やシーズありきではない。大事なのは「目的とする課題解決に向かって大切なことが何か」を理解した上で、ぶれることなく愚直に進めているかどうか。当社は、その意識を社内で徹底していますが、実はこれができる研究開発型の企業は非常に少ないのです。

バランス力の高さという点でいえば、出雲は当時から「ハイブリッド経営」というものを標榜していました。それは私たちのビジネスのコアであるミドリムシが、植物と動物の両方の性質を持っているという特性が背景にあるのですが、ビジョンとキャッシュフローの両立への意識もその一つです。

人は夢に寄ってきます。夢にはお金を集める力があります。しかしそれだけでは立ち行かない。足元のしっかりした収益があってこその夢です。その点で出雲をすごいと思うのは、大きな夢と無茶のギリギリのところを攻めてくるところ。自分のなかで絶えずQ＆Aが繰り返されていて、最後に必ず手が届く、小指がひっかかるところで話をしている。だから周りの想像し得ない夢の世界を描きつつ、説得力を持つのです。

そしてチーム力についてです。ユーグレナは、創業当初からベンチャーとしてはあり得ないほど取締役に権限が委譲されています。研究開発担当の鈴木健吾、営業担当の福本拓元、そして私が途中から加わり、出雲が全体を統括する。その個々の役割と責任が非常に明確で、さらに各部署内でもそれは徹底されています。

私が投資する企業にも、必ず最初に「3人のチーム」をつくるようにといっています。それはもちろん、企業経営にはチーム力が不可欠だからですが、そもそもベンチャー企業はまだ世の中にないものをつくりだす存在で、周りの人が見えていない世界を理解させていかないといけないわけです。そんな起業家が、自分の思いに共感してくれる人を二人くらい集められないようでは、何も始まらないというのも大きな理由です。

破壊的イノベーションを起こす側が、既存の体制側に許容される存在であることが重要

私たちは「大企業とよい関係をつくるのが得意ですね」と言われることがよくあります。確かにこれまで、日本を代表する大企業の皆さまと多数の事業提携や資本提携などを実現してきました。

一般的にマーケットには、コモディティ領域とスペシャリティ領域があります。付加価値の高いスペシャリ

ティなものは、飛び込みや人脈を使った営業などのゲリラ戦が効きますが、コモディティの世界はそうではありません。そのため「社会構造にきちんと受け入れられるかどうか」が重要になります。テスラモーターズとパナソニックなどの例に代表されるように、「破壊的イノベーションを起こす側が、巻き込まれる既存の体制側に許容されるかどうか」は、特に技術系ベンチャーにとって、スケールできるかどうかの大きな分岐点だと思っています。ユーグレナはその点を、早い時期から明確に見通せていました。

そういう周りとのよい関係をつくっていくためにも、共感マーケティングが効果的です。例えば当社の例でいうと、ミドリムシがどんな生物かを説明するより「CO_2を排出しないジェット燃料をつくる方法があります」と言ったほうが興味を持たれやすいですよね。「理解しづらいというだけで過小評価されてしまうもの」だからこそ、逆にそのイメージをひっくり返すことができれば、そこにはたくさんのチャンスがあるのです。

そしてやはりベンチャーはスピードです。例えば、宇宙ロケットの打ち上げを一度も成功させたことがない会社と実績のある会社と、どちらに依頼を出しますか？　その結果、初めはゼロと1の差だったものが、ゼロと2、ゼロと3というように必然的に開いていく。単価の大きいビジネスほどそうなります。

先陣を切って失敗しても、それを評価してくれる世界はたくさんあります。なんでもやってみる、一番乗りする。それが信頼感につながっていく。ブロックチェーン技術から仮想通貨が生まれ、AIの進化により自動運転が加速したように、ビジネスのブレイクスルーの契機にはテクノロジーの大きな進化があります。だからこそ、技術の芽吹きに誰よりも早く気づいて、ビジネスに持っていけるかどうかが問われるのです。そしてそれが「世にないものを生み出そう」という会社の土壌をつくり、次なるアドバンテージを生み出していきます。

私が代表を務めるリアルテックファンドでは今、「１００年後の豊かな地球を支える技術」を発掘し、三十数社に投資をしています。他人の後追いをするのではなく、お金のためでもなく「よいファンドだよね」という評価が50年先に続くような、夢のファンドをしようとみんなで語り合っています。幸い高い注目や共感をいただき、世界中の企業から協力したいという声が集まっています。

そのなかで最近では、例えば蚕などの生物素材や、生物の機能を模倣した技術や素材などに注目しています。これまで培ってきたミドリムシの実績をベースに、次々と新たな人が集い可能性が生まれる、そんな「轍」をつくっていくことが私たちのやりがいであり使命だと考えています。

リアルテックファンド代表
ユーグレナ取締役

永田《ながた》 暁彦《あきひこ》

1982年、山口県出身。慶應義塾大学商学部卒。2007年に独立系ファンドのインスパイア入社。2008年12月に同社の投資先であるユーグレナの社外取締役に就任。2010年4月に取締役CFOとしてユーグレナに移籍。2014年にユーグレナインベストメント代表取締役社長就任、2015年にはリアルテックファンドを設立し代表を務める。

リアルテックファンド

地球や人類の課題解決に資する研究開発型の革新的テクノロジーを有するリアルテックベンチャーへの投資育成を行う。出資約束金総額、94億円。経済産業省、NEDOから共に認定を受ける。

PART 2

新市場を創造する若き開拓者たち

新進気鋭の若手起業家が経営する新興ベンチャーから、業績の伸長著しい会社をセレクト。新しいマーケット創造に挑む個性的な企業の数々に注目したい。

Knot

ジャパンクオリティで日本と世界を結び腕時計選びの新しい価値を創造する

代表取締役社長 遠藤弘満

ガラスケースに陳列されて販売することが常識とされてきた腕時計だが、Ｋｎｏｔの店舗は、フルオープンスタイルのディスプレイ。Ｔシャツやスニーカーを選ぶように自由に腕時計選びができる。日本の伝統技術を生かしたストラップとの組み合わせは１００００通り以上、しかもプライスは市場価格の約３分の１。革新的なビジネスモデルで、業界に旋風を巻き起こしている。

「かつて腕時計は〝時間を持ち出せる〟唯一の道具でしたが、スマホの普及でその唯一性が失われました。今腕時計にできるのは、リストウェアという新しい価値を生み出すこと。高品質な時計を、リーズナブルな価格で手に入れ、カスタムオーダーで時計選びを楽しいものにする。加えて、地方にある素晴らしい素材や技術とコラボレーションして、日本の魅力を世界に伝える。Ｋｎｏｔ（結ぶ、絆）という社名には、そんな意味が込められています」。同社の遠藤弘満社長は、創業の背景をそう語る。

創立は2014年3月。遠藤はそれまで、デンマーク製の腕時計「SKAGEN」の日本代理店の代表として事業を展開していた。アジアに〝北欧ウォッチ〟というジャンルを確立させた功績が評価され、デンマーク王室から勲章を授けられた経験もある。

ところが2012年に「SKAGEN」の本社が米国の大手企業に買収され、販売権を一夜にして失ってしまった。一時、業界からの引退も考えたが、悔しさも残った。

「その時、もう一度やるなら〝他人のブランド〟は絶対やらないと決めました。自分のブランドを展開し、自分のお客さまを持てば、誰にも奪われないと思ったのです」

目指したのは、グッドデザイン、ロープライス、ハイクオリティの日本製の腕時計。企画から製造、小売りまでを一貫して行うSPA、つまり製造小売りでの立案だった。腕時計業界の誰に話しても「実現は不可能だ」と言われた。


わが社はこれで勝負! **10000**通り以上

時計とストラップの組み合わせは10000通り以上

Knotの腕時計には、すべてのストラップに「Easy Lever」が装着されており、工具を使わずに自由自在に装着できる。カスタムオーダーの種類は10000通り以上。全40種類以上あるストラップを複数本持っていれば、文字通りシャツやネクタイのように、その日の服装や気分に合わせてコーディネートできる。

計の心臓部であるムーブメントを自社でつくるには数十億円近い投資が必要で、国内メーカーはムーブメントを売ってくれず、国内に腕時計を量産できる工場のラインもなかったからだ。

無駄な流通コストを削減して高品質・ロープライスを実現

だが遠藤はあきらめなかった。海外の代理店から国内メーカーのムーブメントを逆輸入という形で手に入れ、クラウドファンディングで500万円の資金を集めた。

苦労したのは工場探しだった。国内メーカーは海外生産に注力していたため、国内の腕時計製造業はほぼ壊滅状態。そのため、設備や技術はあるが事業をやめてしまった工場を一軒一軒訪ね歩き、新しい国産ブランド創設の夢を訴え、部品の製造を依頼したのだ。

本体のデザインは、多彩なリストウェアに相応しい北欧の腕時計のようなシンプルなものと決めていた。遠藤には、発売までこぎ着ければ、人気が出るという自信があった。デザイン性の高い日本製の腕時計がロープライスならば、人気が出ないほうがおかしい。

ロープライスが実現できるのは、中間流通(海外工場や商社、ブランドホルダーや輸入代理店)をカットしているためである。「もともと日本の時計は高すぎると考えていました。いつからか日本製の腕時計は300ドル（約3万円）以下で買えなくなっていた」

同社のプロジェクトはある意味で、海外生産へシフトした日本の時計製造業を再定義し、優秀

PROFILE
遠藤 弘満
えんどう ひろみつ

1974年、東京都出身。
日本に米国特殊部隊用腕時計「LUMINOX」を定着させ、北欧ブランド時計を年間20万本の市場へ成長させる。2014年3月Knot設立、代表取締役に就任。2015年、日経ビジネス"次代を創る100人"に選出。

な技術者や素材が集まる国内工場を再興する〝ルネサンス〟ともいえる。デザイン、設計、部品の調達、組み立てから販売までのすべてにかかわるため、高品質な材料を使用しても1万円台から提供することができる。例えば使用されているガラスは、スイス製の高級腕時計でも使われる、傷のつきにくい頑丈なサファイアガラスである。発売は2014年7月。直後から、売れて在庫がなくなる状態が半年ほど続いた。

日本独自のクラフトマンシップと世界をリストウェアという形で結ぶ

国内7店舗、台湾2店舗、シンガポールとタイ・バンコク、ベトナム・ハノイに各1店舗を展開する同社の店舗戦略は、少し変わっている。人気のある街の〝バッドロケーション〟をあえて選択、時計をガラスケースに入れずに自由に触れるようにしたのだ。「最強のPRは口コミであり、SNSだと考えています。自分が見つけた店を自慢して拡散してもらいたいので、あえて駅から5分以上10分以内、大通りから2本以上角を曲がっ

創業からちょうど1年後の2015年3月にOPENした、1号店の吉祥寺ギャラリーショップ。わずか8坪の面積の店舗で、年間の売上げは3億円を超える。

た所、という立地条件で店舗展開をしています。さらにモノではなくコト、カスタム体験を売っているので、時計をガラスケースに入れず自由に触れる環境にしています」

大きな特徴は、時計とストラップを簡単にカスタマイズできることである。そもそもは「時計はなぜ、シャツやネクタイのように、ベルトや素材、色などを自由に選べないのか」という素朴な疑問から始まった。そこで、時計とストラップは専用の工具を使わなくても簡単に付け替えが可能な〝イージーレバー〟を採用した。

加えてストラップの素材にこだわった。日本各地に息づくモノづくりの伝統を生かしているのだ。遠藤はこれを「MUSUBUプロジェクト」と名づけている。

例えば、天然由来のベジタブルタンニンにこだわり続ける世界でも稀少な「栃木レザー」、京都の宇治で創業しシルクにこだわり組紐の可能性を広げる「昇苑くみひも」、150年の伝統を持つ皇室御用達の傘屋「槙田商店」のジャガード織傘生地、等々。

遠藤は日本各地の伝統工芸を訪ね歩き、自ら職人を説得してストラップづくりを依頼した。「〝MUSUBU〟とは、日本独自のクラフトマンシップと世界の人々を、リストウェアという形で結ぶプロジェクトです。日本製の腕時計は世界の裏側まで売られている。同社がリストウェアで世界に発信すれば、衰退しつつある日本の伝統工芸と世界とを結びつけることができる。それを腕時計メーカーがやることに意味があると考えているのです」

現在の遠藤の計画は、ニューヨークに店舗を展開すること。同社のモノづくりにかかわる人たちに夢と勇気を与えるためだ。さらに国内での時計製造の技術者を育てる学校づくりを支援して、日本の時計造りの技術力をさらに向上させたいという構想もある。「実現は不可能」と言われた事業を実現させた遠藤に、もはや立ちはだかる障壁は多くない。

株式会社Knot

〒180-0004
東京都武蔵野市吉祥寺本町
2-35-10 HN22ビル2F
☎0422-27-6847
http://knot-designs.com/

設　立●2014年3月

資本金●950万円

社員数●25名

売上高●21億円
(2017年11月期)

事業内容●国産の腕時計メーカー

セブン・ドリーマーズ・ラボラトリーズ

全自動衣類折りたたみ機「ランドロイド」が脚光 突き抜けた技術力を持つ世界的ブランド企業へ

代表取締役社長 阪根信一

「日本で生まれたイノベーションで世界を席巻したい」。そんな強い使命感をもとに、革新的な製品を社会に送り出し続けるセブン・ドリーマーズ・ラボラトリーズ。「これまでなかったもの」にこだわるからこそ生じる無数の障壁を、ぶれない信念で突破し具現化。社会に期待とワクワクを発信し「モノづくり企業だからこそ可能な」ぶっちぎりのスケールで未来を描く。

「世の中にないモノ」「人々の生活を豊かにするモノ」「技術的なハードルが高いモノ」セブン・ドリーマーズ・ラボラトリーズの製品は、この三つのクライテリア（基準）をすべてクリアすることを前提に開発される。

洗濯物を放り込むと自動で折りたたまれ、家族別・種類別などに仕分けられる、今話題の全自動衣類折りたたみ機「ランドロイド」はまさにその象徴だが、これまでに手がけた完全オーダーメイド型のゴルフシャフト、無呼吸症候群患者向けに鼻から挿入するチューブ状の一般医療機器「ナステント」など、いずれもがこの3要素を高いレベルで満たす製品として、鮮烈な個性を放っている。

イノベーションで最も重要なのはテーマの選定

「イノベーションにもいくつかの段階がある」と、同社社長の阪根信一は独自のこだわりを解説する。

「ランドロイドはぶっちぎりのイノベーション。類似するものが全く存在しません。ナステントは、形状や使い方が違う代替製品はありますが、発想が全く違う世の中になかったもの。カーボンゴルフシャフトはすでに世の中にあるものでしたが、比較できないレベルまでに性能を上げました。ここまでが、私たちの基準の最低限です。他社に触発されたり、追随したりするようなものからはイノベーションは生まれないというのが私たちの持論です」

わが社はこれで勝負!

高品位で洗練された佇まいを目指したランドロイド

375日

一般的な家庭で、一生のうちに洗濯作業に費やす時間は約1万8000時間といわれており、そのうちのおよそ半分が、洗濯物をたたみ、仕分けし、運んでいる時間と想定される。ランドロイドの導入によって、この9000時間(約375日)が解放され、自由な時間として楽しむことが可能となる。

このように、「世の中にないモノを創り出す技術集団」であることを、極限にまで志向する阪根の源流にあるものは、祖父・父から受け継がれたモノづくりへの情熱と、University of Delaware留学時に学んだ恩師からの教えが大きいという。

「父からは『人のモノマネはするな』ということを繰り返し説かれました。一方で恩師からは『社会には先人が解明してきたさまざまな技術や手法があり、その歩みをしっかり熟知し、その先に新しいものを追い求めるべきである』と教わりました。未知への挑戦、過去への敬意、双方を併せ持つことが大切なのだと」。その言葉通り、同社では新たなアイデアが生まれると、膨大な量の過去の資料や論文を読み漁るという。そして世界中で誰か一人でも手がけている事例を見つけると、惜しげもなくそのアイデアを捨てる。そして次の可能性を探すのだ。

もう一つ、「イノベーションを起こすために、最も大切なことはテーマの選定だ」と阪根は持論を語る。「技術に自信がある企業は、逆に成功体験に縛られがちです。私たちは、すでに持っているリソースや技術にとらわれず、純粋に『ニーズありき』で世界中の人々が求めるものを、分野を問わずやる。そしてそれは技術的ハードルが高ければ高いほどいい。競争を排除し、追いつかれないほど引き離す、オンリーワンであること。それが私たちのスタンスなのです」

もっとも「世の中にないモノ」は、みんながやりたがらないからこそ「世の中にないまま」であり続けているのが現実だ。当然理解はされにくいし、反対意見が蔓延する。

PROFILE

阪根 信一
さかね しんいち

1971年、兵庫県出身。米国デラウェア大学化学・生物化学科博士課程終了。I.S.T取締役、CEOを経て、2008年スーパーレジン工業社長就任。2011年Seven Dreamers Laboratories, Inc.（米国）President & CEO就任。2014年より現職。

しかし阪根は「反対が多いほど、イノベーションの可能性に満ちている」と考える。だからこそ「ゴールを明確化し、道筋をしっかり見せること」が経営者の最大の使命なのだという。

「次に何を出してくるのか」の期待とワクワクを創出

２００５年からスタートした「ランドロイド」の開発の歩みは、まさにその典型だ。「『モノマネはするな』が口癖の父でさえ『それは無理だ』と（笑）。社内には『この会社はもうやばいのでは』という不穏な空気が流れ、退職していく者も出てきました。経理からも『もうお金が持たない』と言われたり」

そのなかでも特に運転資金はギリギリの綱渡りだったという。開発費はトータルで数億円に上り、商品化はまだまだ先のころ。「米国の投資家を回ると、反応がいいと思いきや『ランドロイド事業をやめること』が前提だったり、国内でも一度承認いただいた投資が土壇場で流れたり。本当に切羽詰まったところまで行きました」

（左）夢と、技術と、未来の仲間と出会う、新しいコンセプトの「ランドロイド・カフェ」。
（右）2018年1月開催「コンシューマー・エレクトロニクス・ショー(CES)」の出展ブース

しかしその後、プロトタイプができたことで阪根が目指している世界が可視化され、周りの反応が変わってきた。そしてパナソニックや大和ハウス工業との資本提携や事業提携が進み、具体的な未来が姿を現し始めたのだ。

「ランドロイド」を形づくる技術は大きく三つ。画像解析、人工知能、ロボティクスの融合だ。特に衣類を認識する技術が開発を進めるにあたって大きなポイントとなったと阪根は言う。

「まるまって重なり合った状態で衣類を判別するのは、画像認識技術だけではできません。ロボットアームを使い、一つずつ広げ確認することで、仕分けが可能になったのです」

現在「ランドロイド」は２０１８年度中の発売を予定している。１台１８５万円〜という超高級家電だが、普及が進むにつれもう少し手の届きやすい値段になりそうだ。

そしてＷｉ‐Ｆｉを通じて収集されるデータの蓄積によって、オンラインクローゼットや衣類コンシェルジュなど、次の事業の可能性も見据えている。

阪根はＢtoＣのモノづくりにこだわっている。それは、松下幸之助や盛田昭夫の哲学や技術へのこだわりに啓発され、「日本で生まれたイノベーションで世界を席巻したい」と考えているからだ。その時、「モノづくり事業こそぶっちぎりのスケールが望めるのだ」と言う。

「当社には、『技術者としてもう一度イノベーションを起こしたい』という意欲も技術力も高い方が多い。必要なのはテーマを見つけること、それを大声で言い続ける人がいること。であれば、日本発のイノベーションで世界を席巻することは十分可能だと考えています」

すでに社内では、次代を見据えた新たなプロジェクトも進行中だ。創業時に掲げた「２０３０年に３５００億円、20パーセントの経常利益」の実現に向けて、そして「社会に期待感、ワクワクを創出できる本物のブランド力を持つこと」を目指して、アグレッシブな挑戦が続いている。

セブン・ドリーマーズ・ラボラトリーズ株式会社
〒108-0073
東京都港区三田1-4-28
☎03-6453-7018
https://sevendreamers.com/

設　立●2014年7月
資本金●77億円
社員数●105名
事業内容●オーダーメイドカーボンゴルフシャフトの開発・販売、鼻腔挿入デバイス「ナステント」の開発・販売、全自動衣類折りたたみ機「ランドロイド」の開発・販売

タイシコーポレーション

豚肉の概念を塗り替えるほど衝撃的な味に惚れ込み本物のイベリコ豚の美味しさを世界中に広める

代表取締役 山本真三

日本で初めてイベリコ豚を輸入し、現在スペインナンバーワンブランドのハブーゴ村産レアル・ベジョータを提供するタイシコーポレーション。イベリコ豚の食材に特化した「IBERICO‐YA（イベリコ屋）」を展開し、その魅力の発信に努めるとともに、飼料であるドングリの木の植樹活動も現地で展開。イベリコ豚の食文化の保存に尽力している。

店内に足を踏み入れると、ガラスケースのなかにイベリコ豚の生ハムがキープされ、それぞれに客の名前が書かれた名札が付いている。ボトルをキープするように、店に熟成された生ハムをキープしているのだ。そんなサービスも、この店が始めたことである。

タイシコーポレーションは、日本に初めてイベリコ豚を輸入した会社だ。現在、卸売をはじめ、イベリコ豚を提供する「IBERICO‐YA」を国内3店舗で展開するほか、ネット通販やギフト、惣菜などでも販売を行っている。

「私がイベリコ豚に出合ったのは、2001年の春のこと。父が食肉卸の会社を経営しており、ヨーロッパ食肉ツアーに私も同行したのです」と山本真三社長は振り返る。

「ドイツ・オーストリア・フランスと回り、最後にたどり着いたのがスペインのセビリア地方。そこに世界一の生ハムがあると聞いて、ポルトガルとの国境付近の小さな村（ハブーゴ村）を訪ね、出合ったのがイベリコ豚だった。

「その味は、私たちの豚肉の概念を塗り替えるほど衝撃的でした。脂が溶けるように柔らかく、普通の豚ではないとすぐにわかりました。当時はスペインと日本は食肉の輸出入ができない状態。ですがイベリコ豚に惚れ込んだ父は、なんとか輸入したいと考え、日本政府やスペイン政府に交渉し、5年の歳月をかけて実現したのです」

　いまやイベリコ豚（ベジョータ種）の80パーセントが日本に輸入されるようになったが、そのルートを開拓したの

わが社はこれで勝負!

4年

タイシコーポレーションが提供するイベリコ豚の最高級生ハム

熟成期間2年以上で最高級とされるイベリコ豚の生ハム。熟成期間4年以上の生ハムは特別なオーダーとなり、ミシュランのレストランなどで使われている。4年の熟成に耐えられる肉は、ドングリの餌だけで約4カ月の間に200kgに到達するイベリコ豚だけ。限られた素材だけに許された熟成期間なのだ。

は同社だった。前社長である父親は2011年に亡くなったが、その功績が認められ、スペイン・ハブーゴ村に墓が築かれているという。

ブランディングを練り直し、ターゲットを絞った店舗づくりで成功

イベリコ豚は、育成が難しく成長も遅いので、スペインでもごく一部でしか飼育されていない。そのなかでも、ストレスのない環境で放牧され、天然のドングリや牧草、香草だけを食べて育ったイベリコ豚が、本物のイベリコ豚である〝ベジョータ〟と呼ばれる。そのベジョータのなかでも、血統が100パーセントで、餌になるドングリの木の樹齢が200年以上という条件を満たしたもののみが〝レアル・ベジョータ〟と呼ばれ、全体のわずか2パーセントしかいない。

同社は、この〝レアル・ベジョータ〟を輸入している日本で唯一の業者なのだ。「他の飼料を与えず、ドングリだけを食べて育ったイベリコ豚は、豚独自の臭みがなく、脂身の50パーセントがオレイン酸（不飽和脂肪酸）で、オリーブ油の主要脂肪酸と同じ。欧州では〝歩くオリーブ油〟と呼ばれています。また抗酸化作用（アンチエイジング）のあるリノレン酸が豊富に含まれているために、美容にも最適なヘルシーな食材なのです」

イベリコ豚の食べ方は、現地では生ハムが主流である。熟成期間2年以上の生ハムが一般的に最高級といわれ、熟成期間4年以上ともなれば特別なオーダーとなる。同社が取引を始めたころ、

PROFILE

山本 真三
やまもと しんぞう

1980年、大阪府出身。高校卒業後海外に留学。2001年に食肉卸会社の経営者であった父とともにイベリコ豚に出合い、2003年に日本で初めて輸入を実現、タイシコーポレーションを設立。2011年に父の跡を継ぎ、代表取締役に就任。

現地でも貴重な生ハムは分けてもらえず、使われないバラ肉や豚トロの部分を輸入した。ところが調理したところ、脂身の融点が低いために火を通すと肉が消滅してしまう。試行錯誤の末にしゃぶしゃぶとして提供することにした。

イベリコ豚専門店を大阪・心斎橋にオープンしたのは2007年。その後、人気テレビ番組『SMAP×SMAP』で取り上げられたこともあり、イベリコ豚のブームが起きた。

「それまで他に焼肉店なども手がけていたのですが、2011年は震災の影響もあって赤字になり、サイドビジネスだったイベリコ豚の事業に特化することを決断。ブランディングを練り直し、ターゲットを絞った店舗づくりをスタートしたのです」

山本自らハブーゴ村を再訪して放牧作業などに従事。イベリコ豚に関する歴史を学び直し、それまでの居酒屋仕様だった店舗を、ストーリー性のある店舗に改装した。

ターゲットとしたのは「ライフスタイルに美意識やこだわりを持ち、食材の蘊蓄を語りたい〝52歳〟の企業経営者」。年齢や

（左）美しくディスプレイされた生ハムの原木が並ぶ「IBERICO-YA」店内。（右）2017年2月より、スペインで直営牧場の運営を本格スタート。2018年4月にはスペイン支社を設立

職業はあくまでもイメージだ。店舗の宣伝はあえて控えめにして、稀少さを楽しめる戦略を採用。〝人に言いたくなる〟店舗に変身させた。冒頭に紹介した「生ハムのキープ」はまさにその代表例だ。またスペインの造船技術を利用し、鉄製の表紙を持つメニューを一冊10万円で作成したりもした。

一方、通販の商品は贈答用を意識して高級感を醸し出すパッケージを製作、現地の職人にスライスを依頼するなど生ハムの切り方にもこだわった結果、〝お祝い時に送りたいギフト1位〟を獲得、今では売上げの3分の1を通販が占めている。

イベリコ豚の食文化を守るためドングリの木の植樹も行う

山本のイベリコ豚への取り組みには、現地での植樹活動もある。イベリコ豚の主食であるドングリの木をスペインで植樹して、産業・環境保護に務めているのだ。

そもそもベジョータとはスペイン語でドングリという意味。イベリコ豚が食べるドングリの樹木はコルクなのだが、ワイン

のキャップがコルクからスクリューキャップや合成樹脂に変わってきているため、世界的にコルクの需要が減少している。「そもそもワインに使われるコルクは樹木の皮の部分で、8年たてば再生されるエコに優しい商品。ですがその8年がコストと見なされ、コルクの森が伐採されゴルフ場や宅地化が進んでいるのです」。そこで同社では売上げの一部をスペインのアンダルシア州政府を通じて寄付、これまでに4000本以上の植樹を支援している。

「今後は海外展開も視野に入れながら、本物のイベリコ豚を世界に広めていきたい」と意欲を見せる山本。2017年にはスペインの直営牧場を買収し、2018年4月にはスペイン支社も設立した。はるかローマ時代から固有の品種として存在し、スペイン王室御用達でもあるイベリコ豚。その食文化を守るため、山本は地道な努力を惜しまない。

タイシコーポレーション株式会社

〒557-0011
大阪府大阪市西成区天下茶屋東2-13-29
☎06-6656-3116
https://taishi-co.com/

設　立●2003年7月（創業1956年）

資本金●1000万円

社員数●30名

売上高●2億5000万円（2017年5月期）

事業内容●イベリコ豚を使用した食品メーカー。イベリコ豚の専門店「IBERICO-YA」の直営展開

レゴリス

iPadを使って図面管理・情報共有を推進「建設業の働き方改革」を実現するアプリを開発

代表取締役社長 伊藤謙自

SpiderPlus（スパイダープラス）は、旧来の紙の図面をなくし、ペーパーレスな現場環境を生み出すアプリケーション。図面管理・工事写真管理など標準機能のほかに、検査機能や記録機能も多数搭載され、労働時間を大幅に削減、「建設業の働き方改革」を実現している。スパイダープラスをプラットフォームとしたPMP(注1)を業界のデファクトスタンダードにすることを目指す。

レゴリスが20年以上行ってきたエンジニアリング事業（保温・断熱工事）の現場から生まれたスパイダープラス。きっかけは「なぜ建設業のIT化はこんなに進んでいないのか？」という、ふとした疑問だった。

「それまでの現場は、設備会社から大量の図面をどさっともらい、一枚一枚自分たちが施工する箇所を拾い上げる作業が必要でした。図面はサイズも全部バラバラで、大きな現場になると、フ

（注1）PMP（Project Management Platform）

ロアごとに図面を出して、細かな計算をしながらドッキングさせる必要がある。それ自体が大変な作業で、かなり多くの時間を取られていました」

当然、現場に持っていく図面はすべて紙媒体である。このやり方はあまりにもアナログ過ぎる、そう考えた伊藤謙自社長は、まず自社で使用するため、スパイダープラスの前身となる「積算システムスパイダー」を開発した。ちょうど初代iPadが出始めたころである。これを当時取引のあった大手空調会社に話すと、「業務の効率化を図るツールとして面白い。いずれ現場では、紙ではなくクラウドを利用したタブレットの時代が来るはずだ」というアドバイスもあり、その会社のIT推進会議に参加しながらシステムを進化させ、現在のスパイダープラスを完成させた。

一言でいえば、スパイダープラスとは、旧来の紙の図面をなくし、ペーパーレスで「建設業の働き方改革」を追求するアプリケーションである。

わが社はこれで勝負!

10000ユーザー

さまざまな現場で活躍中の「SpiderPlus」

建設業界でのタブレット、クラウドの普及とともに、その利便性が注目されSpiderPlusの利用IDは、ここ2年で急速に増加、現在1万ユーザーに上る。レゴリスでは、20年にわたるエンジニアリング事業の経験と、社内に開発体制を持つことを強みに、現場で求められる機能をスピーディーに追加している。

具体的には、ｉＰａｄやｉＰｈｏｎｅで図面管理や情報共有ができ、写真撮影も行えるため、現場にいながら写真の整理や情報の記録をすることが可能になる。またパソコンで簡単にＥｘｃｅｌ帳票を出力することができるため、従来の現場管理業務の作業時間を大幅に削減することができる。まさに建設業にとって革命的な現場管理のツールといえる。

それを証明するかのように、今スパイダープラスは脅威的なスピードで、建設現場で採用されている。２０１６年12月からの１年間で、ユーザー数は前年同月比２３３％の成長を遂げている。総合建設会社、空調・電気・設備会社を中心に、全国で利用が広がっているのだ。

現場で求められる機能を次々とスパイダープラスに導入する

同社設立は２０００年。伊藤は当初、建材の商社に入り断熱工事会社を相手に営業を行っていた。その後、断熱工事会社に転職して現場管理を経験し、１９９７年に断熱工事の下請け事業を行う「伊藤工業」を創業。２００２年に「ビジネス規模を拡大するため」元請け会社のケイ・ファクトリー（現・レゴリス）を設立する。

今でこそＰＭＰが同社の主力事業だが、長年にわたりスパイダープラスの開発を資金的に支えたのは、創業のエンジニアリング事業（保温・断熱工事）だった。

エンジニアリング事業が社内にあることは、ＰＭＰ事業の優位性にもなる。最新の現場の情報

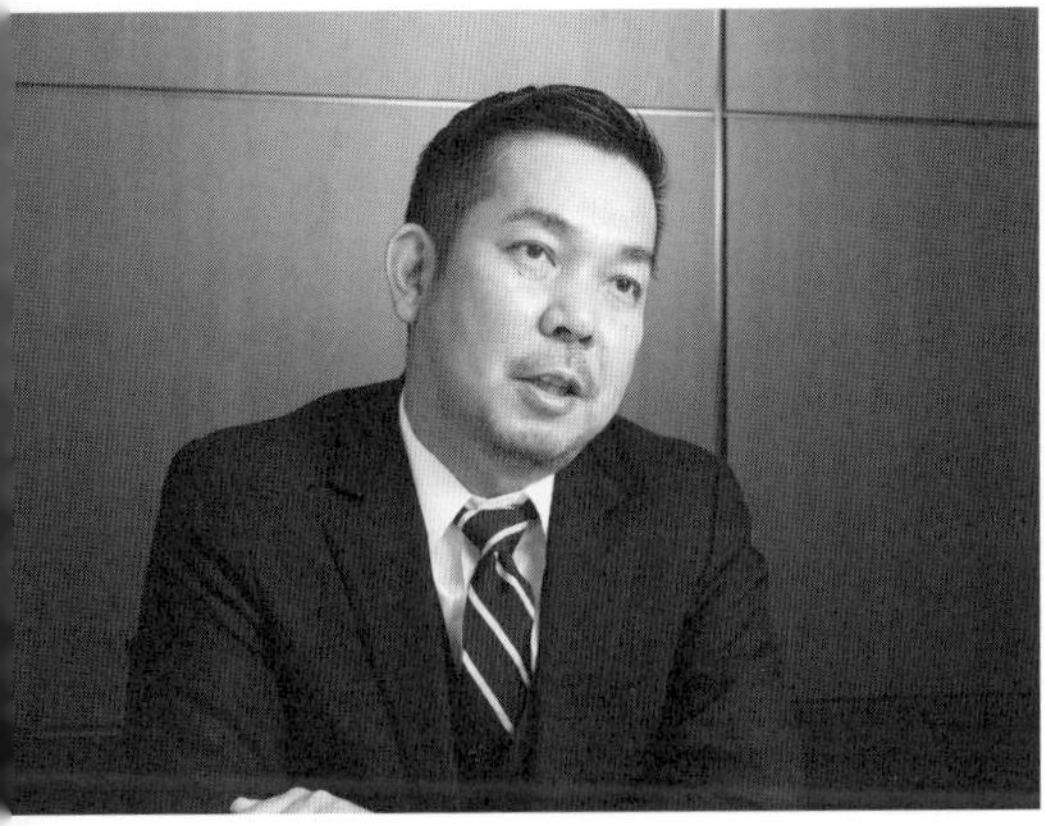

PROFILE

伊藤 謙自
いとう けんじ

1973年生まれ、北海道出身。1992年昭和コーポレーション入社。その後、第一保温工業などで設備・建設工事に携わり、1997年に断熱工事を手がける伊藤工業を創業。2000年2月にケイ・ファクトリー（現・レゴリス）を設立し、代表取締役社長に就任。

をリアルタイムで把握でき、スパイダープラスに常に必要とされる機能を導入できるからだ。また建築施工現場への理解が深いことは、顧客の信頼を得ることにもつながっている。

「おそらく建築施工の経験のないIT企業が開発したら、スパイダープラスがこれほど急速に導入されることはなかったと確信しています」と、伊藤は言う。

同アプリの大きな特徴は、顧客の要望を取り入れ、専門技術を持つ企業や検査機器メーカーと連携して、建設現場で求められる新機能をどんどん導入することにある。

例えば、リコーが開発した全天球カメラ「RICOH THETA（リコーシータ）」をｉＰａｄの外部カメラとしてＷｉ-Ｆｉ接続し、撮影した３６０度写真を施工記録写真として保存・登録することを可能にした。これによって現場調査に必要な撮影の回数が劇的に減り、事務所での写真整理業務も大幅に削減できた。

また、大手設備会社とは「風量測定機能」オプションを共同開発、風量測定器とスパイダープラスを連携して計測データを送

（左）現場で撮影した写真を手軽に取り込み、図面に反映することができる。（右）米国のSF映画「トロン」をイメージしてデザインされたエントランス

信・記録できるようにした。その結果、３人体制の業務が１～２人で可能になるなど、大幅な作業効率化が実現した。

この他、グループチャット機能や、各種ＣＡＤソフト連携、人工知能搭載、ドローン活用など、現在開発を予定している機能を10以上抱えている。

アプリの導入で1日の労働時間が4・5時間短縮

同社の最終目標は、建設業の働き方改革を実現することだ。今建設業界の課題は、生産性の低い長時間労働や、高齢化による人手不足、そして改善不足だといわれている。スパイダープラスはその解決策を導く存在になり得るのだと。

実際に導入した、ある設備工事会社における施工管理技術者職の事例では、１日の労働時間が約４・５時間短縮されたといい、その効果は圧倒的だ。現在同社は、全国で年間約１４００回もの導入説明会を実施し、その効果や有効な活用について丁寧に浸透を図っている。

さらに伊藤は、「スパイダープラスの優位性が発揮される領域として、ビルメンテナンス市場を新たなターゲットとして見据えている。「以前、この事業のパートナーとなる方とスカイツリーに登った時、街を見下ろしながら『建築中の建物と、今すでに建っている建物とどっちが多いと思う』と問われ、ハッとしたのです。とんでもなく大きなマーケットがここにはあると」

もちろんビルだけでなく、鉄道車両など、さまざまな公共インフラでも〝点検作業〟が発生する現場はまだまだ多い。そのいずれにおいてもスパイダープラスの活躍できる舞台はあるはずで、スパイダープラスがあれば、現場の仕事はすべて完結する。それが今一番の目標です」と伊藤は言葉に力を込める。そして「社会にとってより必要不可欠な存在になる証として」株式上場の準備を進めており、将来的には海外展開を含めて100万IDを目指している。

株式会社レゴリス

〒170-0013
東京都豊島区東池袋1-12-5
東京信用金庫本店ビル7F
☎03-6709-2830
http://www.regolith-inc.jp/

設　立●2000年2月（創業1997年）

資本金●3億400万円（資本準備金含む）

社員数●58名

売上高●5億6900万円（2017年12月期）

事業内容●PMP（建設向け）事業、エンジニアリング事業（保温・断熱工事）

からだ元気治療院

「社会のため」「地域のため」の理念が広く共感を呼び訪問治療事業のネットワークを日本全国に構築

代表取締役 林 秀一

高齢者や身体障がい者の自宅や施設に訪問し、リハビリ・機能訓練・鍼・お灸・マッサージなどを行う訪問治療。その第一人者として注目を集めるのが、からだ元気治療院だ。利用者側は、低コストでホスピタリティの高いサービスを受けられること、加盟店側は理念への共感と堅実な収益性への期待から、FC1号店開業からわずか5年で200店舗体制を構築している。

「からだ元気治療院の事業説明会は、4時間もの長丁場です。口コミやご紹介、Webや媒体からのお問い合わせ、どんな形であれ私たちの事業に興味を持っていただいた方には、必ず事業説明会に来ていただき、とことんまで会社の理念や姿勢をご説明します」

そう話すのは、同社代表の林秀一。差し出す名刺には「社会起業家」の文字がひときわ大きく、企業の目指す姿を顕著に物語っている。

「『高齢者ビジネスは大きなビジネスチャンス』と、私たちの事業に飛びついてくる方は非常に多くおられます。しかし『儲かりそうだから』だけを目的に参入してうまくいく業界ではありません。事業説明会を長い時間をかけて行うのは、価値観の摺り合わせを事前にしっかり行い、ビジョンを共有した仲間同士で事業展開をしていきたいと考えているからなのです」

このように「むやみに加盟店を増やそうとはしていない」にもかかわらず、結果的に毎月5店前後のペースで出店は増えているという。日本全国ほぼ全県を網羅し、2018年5月には、200店舗を達成する。

「加盟店オーナーの方と話をして感じるのは、『社会のため地域のためになる事業をしたい』という考え方をする方がとても増えていること。日本商工会議所のYEGビジネスプランコンテストで入賞したことなどから、全国の商工会議所を訪ねる機会が多かったのですが、そこで話した内容

わが社はこれで勝負!　5年で200店舗

「からだ元気治療院」店舗外観(千葉県市川市)

「琉球治療院」での実績をもとに、2011年にFC事業を立ち上げ。その後FC1号店オープンからわずか5年で全国に200店舗のネットワークを構築。これまでに累計300万回ほどの訪問治療を行う。営業力やシステム力の高さから、施術師1名当たり1日に8〜12名ほど治療するという生産性の高さは特筆的だ。

に共感し『FCに加盟したい』とおっしゃる経営者が15社にも上りました。このような方々に支えられ、私たちの事業は着実に拡大を続けることができました」

琉球治療院での成功体験をもとに、競争力の高いFCモデルをつくり込む

もちろん現在の勢いの背景にあるものは理念だけではない。2006年に林が沖縄で開業した「琉球治療院」での成功体験（短期間で県内最大手の治療院となった実績）をベースに、採用から教育、保険請求の仕方、営業手法まで、徹底的に練り込まれた独自のノウハウがあるからだ。

その一つの大きなキーワードとして挙がるのが、経営者と施術師を分けることだ。「経営者と施術師では求められる資質が違うにもかかわらず、それを兼ねることで多くの治療院がつぶれていく。私たちはその分業化を徹底してきました」

そこで重要となるのが施術師の採用だが、「私たちは人が集まらなくてオープンできなかったことはない」と胸を張るように、そのノウハウにも大きな自信を持っている。また、さまざまな試行錯誤のなかから、施術師の給与計算公式を独自に開発し、モチベーションや定着率の向上にも成果が上がっているという。

研修プログラムも非常に長く本格的だ。施術師は2週間かけて、約200種類の専門知識や専門技術を習得し、オーナー側は、8泊9日の日程で経営に必要なノウハウを学ぶ。

PROFILE

林 秀一
はやし ひでかず

1976年、神奈川県出身。オークランド大学中退後、日本に戻り大学を卒業。マスコミ、経営コンサルタント、ソフトバンクグループなどを経て、2006年に琉球治療院を開業。その成功体験をもとに、2011年より「からだ元気治療院」のFC事業を展開。

「特に重視しているのが、老人ホームや個人宅などでの実地の研修です。飲食店などのFCと違い、ほとんどの方にはユーザーとしての体験がありませんから、よりリアルな現場を知ってもらう必要があるからです」と林は言う。「施術師には、治療に求められるのは技術だけではないことを徹底的に理解してもらいます。『受容』『傾聴』『共感』を大切に、どのように高齢者の方とコミュニケーションを取っていくか、必要とされる存在になっていくか。それが何よりも大切なのです」

さらにもう一つが、事務及び営業担当者向けの研修だ。1カ月でド素人を即戦力に育てる。そのなかでも注目すべきは、経営の肝ともいえる「療養費支給申請書」のつくり方。確実に申請が受理されるための書面の作成や手続きの方法などがしっかり確立されているのも、「FCの皆さまから信頼が厚い」大きな要因になっているという。

それ以外にも、「訪問事業のため、店舗立地にこだわる必要がなく面積もとらず、光熱費などもほとんどかからない。事業を

（左）アーユルヴェーダ、漢方、美容鍼 3つの東洋医学を1カ所に集約した「メディカルハーブカフェ」が2018年3月、沖縄にオープン。（右）オーナー、施術師それぞれに本格的な研修を実施

始める際の初期コストも固定費も非常に安く済むのが大きなアドバンテージになっています」と林は説明する。

世のため人のために仕事をすれば、必ず成功するはず

起業の成功モデルをみなで共有することで、起業したい人の成功率を上げること、社会保険料の低減に貢献すること、高齢者や身体障がい者などの社会的弱者に元気と生きがいを届けること。同社が創出する社会的な貢献内容をまとめると、大きくこの三つにまとめられそうだ。

「鍼やお灸などに保険を使うと『国家の負担が増える』という声が上がったりしますが、実は逆です。私たちの治療を通じて、介護レベルの進行が止まったり改善する例はとても多く、医療及び介護保険の出費を抑える効果があるからです。そしてそれはお客さまに、満足や健康や幸せな時間を提供できた証でもあります。お金をいただいて、『ありがとう』と言っていただける、そういう会社であることが私たちの何よりもの誇りです」

林はさらに言葉を重ねる。「世の中のため人のために仕事をすれば、必ず成功します。それを事実として証明したい。実際にこの事業を始めてから、本当にたくさんの方に応援していただき、仲間の輪も広がってきました。私たちは、その感謝をもっと形にし、輪を広げていきたいのです」

今後同社は、国内1000店舗を目指し、さらに「東洋医療の良さをより多くの人に伝え、東洋医療を核とした医療を世界に広めていく」というミッションをもとに、「世界1万店舗構想」を大きく掲げる。具体的に、鍼灸、漢方、アーユルヴェーダを融合したメディカルハーブカフェ事業が、2018年から国内海外で同時にスタートした。

「そして上場を実現し、世界の孤児を集めた孤児院を日本につくり、人材を世界に輩出していきたい」。そう語る林が見据える世界は常に大きく、愛に溢れている。

株式会社
からだ元気治療院

〒900-0004
沖縄県那覇市銘苅2-11-19
2F-4F
☎098-988-9420
http://www.karada-genki.com/

設　立●2011年4月（創業2006年10月）

資本金●250万円

社員数●700名（グループ・FC計）

売上高●30億円（2018年3月期FC計）

事業内容●高齢者や身体障がい者の自宅や施設に訪問し、リハビリ、機能訓練、鍼、お灸、マッサージをする治療院の運営及びそのFC本部の運営

ディースタイル

イベント景品に特化したECサイトで幹事をサポート〝日本の元気〟に貢献するギフト業界のイノベーター

代表取締役　星合稔宜

忘年会や新年会、結婚式の二次会やゴルフコンペ、社員表彰などのイベントの景品に特化したECサイト「幹事さんの味方!・景品パーク」を運営するディースタイル。ただの景品ではなく、パネルと目録がセットとなった「パネもく!」なども考案。現地に足を運んで選んだ産地直送のグルメなど品質にもこだわり、全国の〝幹事さん〟のリピーターを増やしている。

会場の手配や調整、出欠の確認、会の進行など、イベントの準備において幹事が頭を悩ませるテーマは多々あるが、その一つが表彰式やゲーム大会などにおける景品の選定だろう。限られた予算内で、気の利いた景品を買い集めるのは大変で、会場に持ち運ぶのも一苦労だ。だが幹事を任されたからには、失敗はしたくない。イベントを盛り上げるためには、出席者たちから喜ばれ出席者を楽しませる景品選びが必須なのだ。

そんな課題を解決したのが、２００９年に開設されたECサイト「幹事さんの味方！景品パーク」である。取り扱うアイテム数は現在、約１０００点。ブランド和牛はじめ全国のお取り寄せグルメなどの食品に始まり、テーマパークチケットや温泉旅行やディナークルージングなどの体験景品、面白・バラエティ雑貨やアウトドア用品、さらにテレビや掃除機などの最新家電や人気ゲーム機、ドローンまで、多様化する景品ニーズに応える品揃えになっている。

また、13時までにECサイトから注文すると翌日には会場に景品が届く（一部地域を除く）ため、幹事は、買い出しや持ち運びの手間がなくなる。景品選びが面倒ならば、予算や人数、希望を伝えるだけで景品構成を〝まるごとおまかせ〟することもできる。

なかでも、人気を博している工夫が「パネもく！」という商品だ。これは、演出用のパネルと目録がセットになった景品セットのことで、イベント会場では「松阪牛特盛り

わが社はこれで勝負!　100000件

「幹事さんの味方！　景品パーク」ECサイト

「景品パーク」スタート以来、同サービスを利用する幹事は累計10万件を突破。リピーターが多いのが特徴で、2016年から“幹事あるある”川柳を公募。毎年約3000通もの作品が寄せられ、『子は漢字　パパは幹事で　悩んでいる』『インスタの　幹事は　いつも　枠の外』などが入賞作品に選ばれた。

1キロ」などと書かれたインパクトある造形のパネルと目録を渡すだけ。受け取った人がWebか引き換えハガキで交換手続きを行うと、景品が自宅に配送されるシステムになっている。

同社の星合稔宜社長は、「パネもく！」のメリットをこう説明する。「景品を実物ではなくパネルにすることで、全国各地の産直の生鮮品や、大型家電、〝○○1年分〟などの景品をラインナップできるようになりました。幹事さんの手間を省くとともに、受け取る人も景品を持ち帰る手間がなくなります。また会場で大きなパネルを手渡すことで、イベント自体が盛り上がります」

一度利用すると、その利便性からリピーターになる確率が高く、「景品パーク」を利用する幹事は年間で約2万件、これまで累積10万件の実績を上げているという。

ギフト市場の減退に伴い、景品に特化したECサイトのビジネスを展開

もともと星合は大学卒業後ゴルフ場に就職し、その後全国のゴルフ場で使えるギフト券をつくるなど、ギフト市場に詳しかった。創業当初は、オリジナルギフトカード事業が中心で、2007年にセールスプロモーション事業にも進出。当時はカタログギフト全盛の時代で需要も多かったが、次第に企業がコンプライアンスを重視して中元歳暮を控えるようになり、ギフト市場は減退傾向になった。星合は、先細りする市場と自社の現状を見据えて「ギフト市場はもう無理だな」と感じ、業態の変更を決意。そこで生まれたのが「景品パーク」だった。

PROFILE

星合 稔宜
ほしあい としのり

1968年、静岡県出身。専修大学卒。2005年にディースタイル設立。2009年からイベント景品に特化したECサイト「幹事さんの味方！景品パーク」をスタート。2013年からは店舗向け「パネもく!」卸販売も開始している。

「ギフト市場のなかでも、今後もニーズがあると予測したのが〝景品〟でした。企業の忘年会や新年会、親睦会や歓送迎会は、お酒を飲んで終わりではなく、ゲーム大会や年間MVP社員を表彰するなど、イベント付きのものが多くなっています。そこに着目し、イベントの景品に特化したECサイトのビジネスをスタートしました」

もちろん目的は、幹事の労力を削減しイベントを成功させることにある。だが、景品そのものの魅力にもこだわった。セールスプロモーション事業に携わっていたころから、星合は生鮮品の産地直送にこだわり、独自のネットワークを構築。その財産を最大限に活用したのだ。「基本的に食材に関しては、安心で安全な商品を提供するため、パートナーの仕入先さまの産地や工場まで視察に行き、品質や衛生状態の確認を行っています」

産地まで足を運ぶことで、サプライヤーとの信頼関係が生まれ、セット商品の新しいアイデアも生まれる。味のほうも保証付きで、実際に「景品パーク」でもらった食材が気に入り、「あ

（左）パーティ用品店や家電量販店、ゴルフ量販店などの店頭で「パネもく!」のコーナーが拡大中。（右）印象的なパネルと目録の組み合わせでイベントを演出

の美味しいものをもう一度食べたい」という顧客が多いため、新しいビジネス、産地直送グルメを自宅に届けるサイト「美味いもんパーク」もオープン（2017年）した。

景品を入り口とすることで、生産者やメーカー側も、新たな販売チャネルができるというメリットがある。景品の企画は、よい商品を持ちながら上手に拡販できないサプライヤーの支援にもなり、地域の魅力的な資源を発掘する手段にもなる。最近は、生産者やメーカーのほうから「景品パーク」と提携したいという相談が来るようにもなった。

喜ばれる(Delight)を形(Style)にしていく

「パネもく！」は現在、リアル店舗での販売も行っている。大手パーティグッズショップやゴルフ量販店、家電量販店などで専用のコーナーを設置。最近はリアル店舗を含めて法人の売上げも伸びている。「おそらく〝家電量販店で肉や蟹を販売している〟唯一の会社」と、星合はそのユニークさも武器にする。

また同社では、その場で渡せる〝現物〟のオリジナル景品グッズにも力を入れている。「高級黒毛和牛タオル」や魚沼産こしひかりを「小さな米俵」にセットした米、「金塊ヌードル」や「百万円ふせん」など、イベントを盛り上げる〝面白〟発想の商品開発を行っているのだ。

今後は、イベントを企画運営する会社との提携や、幹事ネットワークを組織する構想もある。「社名には、喜ばれる(Delight)商品やサービスを形(Style)にしていくという意味が込められています。皆を盛り上げて、日本を元気にするのが私たちの使命。これからも景品を中心に、ギフト業界のイノベーターとして、新しい商品やサービスを創出していきたい」と意欲的な星合。

2018年には「パネもく!」が「彩の国ベンチャーマーケット」で埼玉県知事賞を受賞した。ギフト業界のユニークなビジネスモデルが、快進撃を続けている。

株式会社
ディースタイル

〒332-0034
埼玉県川口市並木3-1-19
第1永新ビル7F
☎048-271-9481
http://delight-style.jp/

設　立●2005年12月

資本金●1000万円

社員数●30名

事業内容●ECサイト「幹事さんの味方!景品パーク」の運営、店舗向け「パネもく!」景品の卸販売、オリジナル景品グッズの企画・製造・販売

ジーマックス

フロンを使用しないペルチェ素子の冷却技術で商品開発と用途提案をグローバルに支援

代表取締役 高井淳治

フロンガスに代わる環境に配慮した冷却システムとして注目されているペルチェ素子。ジーマックスはその事業領域で20年の歴史を持ち、現在は中国の自社工場で高品質のモジュールを量産している。ペルチェ素子の応用は、専門的な知識と経験を要するニッチな商品。同社では新商品の開発支援にも力を入れ、冷却技術のプロとしてグローバルな市場拡大を目指している。

ペルチェ素子とは何か？　簡単にいうと、直流電流によって冷却、加熱、温度制御を自由に行える半導体素子のことだ。ペルチェ素子に直流電流を流すと、素子の両面に温度差が発生する。これは、低温側で吸熱、高温側で発熱が起こっているからである。つまりペルチェ素子がヒートポンプの役割を果たすのだ。特徴は、電流の極性を変えるだけで熱の移動方向を変えることができ、与える電流の大きさを変えれば吸熱量の大きさが変わること。これによって、冷却や加熱、温度制御をごく簡単に行うことができる。

　ペルチェ素子の歴史は古く、その効果は1834年に発見され、1900年代初期には理論的な裏づけがなされていた。ただし、当時は材料として金属が用いられていたため、熱交換率が低く、ほとんど実用化には至らなかった。電子冷却として実用化されるようになったのは、昭和30年代に入って半導体材料が用いられるようになってからだ。

　ジーマックスの高井淳治社長は、ペルチェ素子による冷却のメリットをこう説明する。「一般的な冷凍サイクルを用いる冷却は、圧縮機（コンプレッサー）や冷媒（フロン等）を必要とします。一方ペルチェ素子は、フロン等の冷媒を使用しないため、環境に対する悪影響がありません。また小型・軽量であり、温度制御を細かくできます。電流の方向を変えるだけで冷却だけでなく加熱もでき、稼動部分がないため振動や騒音もありません」

　そうした数々の利点があるため、ペルチェ素子はクリー

わが社はこれで勝負!

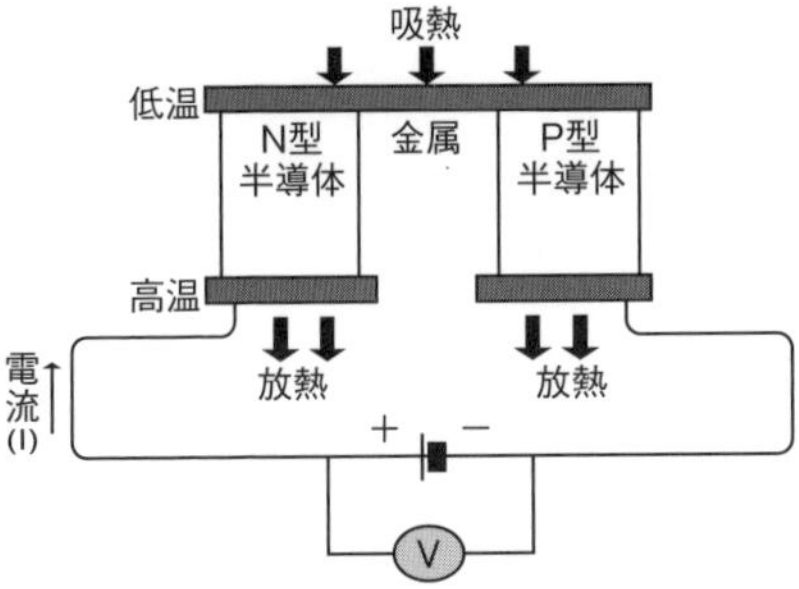

ペルチェモジュールの原理

250万個

ペルチェ素子モジュールの年間生産個数。中国の自社工場で、インゴットの生成と切断、ペルチェ素子の組み立てから検査に至るまで、すべて一貫して自社で生産を行い、高品質な製品を安定供給している。また素子だけでなく、冷却ユニットなど半完成品の設計や制作、完成品のOEM供給なども行っている。

ンな冷却素子として、家電、医療、光学、通信、食品、産業設備など幅広い分野で使われている。

中国の自社工場で、コスト優位性のある高品質なモジュールを量産

同社は現在、ペルチェ素子のインゴットづくりから組み立てまでのすべてを中国の自社工場で行うことで、高品質なモジュールの開発と〝日本品質〟の商品の量産を行っている。高井によれば、この体制を実現するための道のりは、決して楽ではなかった。

高井の父親が経営するフジタカの電子機器営業部で、ペルチェ素子・電子冷蔵庫の販売を開始したのが1991年、中国でペルチェ素子の生産を開始したのが1993年である。

そのころの主力事業はタバコの自動販売機の製造販売だったが、自販機は成熟産業で成長が鈍化していた。そのタイミングで、ペルチェ素子を扱う中国企業との合弁会社の話が持ち込まれたのだ。とりあえず会社は立ち上げたが、当初は赤字続きだった。

「そのうち現地の合弁会社で労働争議が起き、中国語がわかる私が派遣されたのです。とにかく現場とコミュニケーションを取ることで争議を解決し、ペルチェ素子先進国であるウクライナの研究所と共同開発を行うなどテコ入れを行い、管理と改善に努めました」

業績向上のターニングポイントは、日本の大手電気メーカーのエアコン（のイオン発生装置）に、同社のペルチェ素子モジュールが採用されたことだ。それをきっかけに、2009年11月に

PROFILE

高井 淳治
たかい じゅんじ

1974年、京都府出身。同志社大学卒業後、父親が経営するフジタカに勤務。中国のペルチェ素子の技術会社を任されたことがきっかけで、2009年ジーマックスを設立、代表取締役に就任。

電子機器事業部がジーマックスとして独立、ペルチェ素子の事業に特化した会社として本格的に営業活動をスタートした。

同社の強みは、中国の自社工場でコスト優位性のある高品質なモジュールを量産できること。また、各企業におけるペルチェ素子のモジュールを使った新商品開発を、営業・技術スタッフが一丸となってサポートする体制を整えていることにある。

「ペルチェ素子のインゴットは、それ自体が脆弱なので扱いが難しく、圧をかけ過ぎると壊れてしまうため、製品に搭載する場合は、どのような素材でモジュールを固定したらよいかなど、専門的なノウハウが必要になるのです」と、高井は支援の理由を説明する。

ペルチェ素子のモジュールは、意外と身近な製品に使われている。例えば食品のショーケースや小型ドリンクケース、制御盤や通信キャビネットの冷却、また振動や騒音がないことから、病院やホテル客室向けの業務用冷蔵庫などで多く使われている。

同社は、海外市場への展開も積極的だ。国によってペルチェ

（左）汎用ユニットからカスタム設計品まで対応可能なジーマックスの冷却ユニット。（右）最大280本の収納力「アルテビノ」のワインセラー

素子の用途は異なり、韓国では浄水器や半導体製造装置の冷却に、米国では除湿機、欧州は分電盤、イスラエルでは医療機器の冷却などに利用されている。ペルチェ素子は電圧で摂氏0・1度の調整まで可能なため、精密な温度調整が求められる機器に需要が多いという。ジーマックスのホームページは10カ国語で表示され、香港支店や海外代理店を通して海外の受注を受けている。

周囲の温度差を利用して発電も可能になるペルチェ素子の可能性

「世界的に見ても〝まともな〟ペルチェ素子を生産できるのは5、6社ほど。世界で求められているのは、過剰な高品質ではなく生産のスピードやコストの優位性、サポートやコミュニケーションです。ペルチェ素子はもはや技術的には最終形態に達しており、今後は効率をより高めるための工夫や、応用製品を開発しやすくするため、汎用品だけでなく用途と目的を特定したモジュールをつくりたいと考えています」と高井は語る。

ペルチェ素子のもう一つの可能性は、発電の分野だ。モジュールは電流を流すことで温度差が発生するが、逆に、周りに温度差があれば発電が可能になる。その特性を活かして、電気がない環境で〝温度差発電〟を起こす可能性を探っているのだ。

例えば宇宙空間。太陽の光が届かないところでは太陽光のエネルギーは使えないが、宇宙船の発熱と宇宙空間の寒さの温度差を利用すれば、宇宙船を推進する補助電源になる。同社では大学や研究機関と提携しながら、発電の実用化を目指していく考えだ。

「ペルチェ素子は、専門的な知識と経験を要するニッチな商品ですが、それだけに大手企業が入りにくく、事業拡大の可能性は大きい。製造業の海外進出が加速するなか、今後も国際販売に力を入れながら、市場拡大を図っていきたい」と高井は抱負を語る。

株式会社ジーマックス

〒105-0013
東京都港区浜松町1-11-9
アドビル4F
☎03-5408-9610
http://www.z-max.jp/

設　立●2009年11月

資本金●1000万円

社員数●280名（海外含む）

売上高●8億円
(2017年10月期、海外含む)

事業内容●ペルチェ素子の特性を生かした冷却技術による素子、製品販売、OEM開発。冷蔵庫・ワインセラーの製造・販売

大勇フリーズ

独自に培った「不断水凍結工法」で確たる実績を構築
社員が自立できる会社を目指し第二創業の舞台へ

代表取締役社長　大久保太陽

水道管の入れ替えや修繕などの工事における「不断水凍結工法」のパイオニアとして、埼玉県を基盤に全国に事業を展開する大勇フリーズ。水道局などの官公庁向けや、工場、商業施設などの民間向けに、年間約6000カ所の施工実績を誇っている。「なくてはならない生活インフラ」を支える矜持を胸に、社内のさらなる意識向上を図っている。

日本国内の水道普及率は、現在97・9パーセント。(注1) いつでもどこでも誰でも、蛇口をひねるだけで手軽に水道水を得ることができる。しかし、その「当たり前のこと」が、当たり前に享受できるために、どれだけの人、技術、会社の支えがあるか。考えを巡らせる機会は非常に少ないのではないだろうか。

大勇フリーズは、その水道インフラの安心・安全を支える企業の一つ。独自の「不断水凍結工

（注1）平成27年度水道の基本統計（厚生労働省）

法」を武器に、古くなった配管の更新やバルブの交換、トラブル時の修繕工事などで存在感を誇ってきた。

凍結工事に特化し、事業の効率と優位性を確保

創業は1983年、配管を中心とした土木施工会社として現会長の大久保明勇が立ち上げた。

ただ、とりたてて特徴のない下請けビジネスだっただけに、バブル崩壊以降は事業の先行きも読みづらく、何か新しい可能性を探し始めた。そこで目に留まったのが「不断水工法」で成長している同業だった。

「この会社が手がけていたのは機械式のもの。すでに独自の地位を確立していました」。当時をそう振り返るのは、会長の後を受け2016年に社長に就任した大久保太陽。

「全く同じことをしても勝負にならないので、他の手法を探していた時に、管を凍結させることで『不断水』を実現する工法に出合ったのです」

わが社はこれで勝負!

6000カ所

「不断水凍結工法」を用いた現場での施工風景

大勇フリーズの凍結工法を活用した施工実績は、官庁・民間を合わせて年間約6000カ所。そのうち、東京都内が2000カ所と全体の3分の1を占める。緊急・夜間の実績も1000件ほど。拠点は埼玉県川口市の本社を基盤に、大阪府豊中市に関西支店、名古屋市に中部事務所を構え、要請があれば全国どこでも対応する。

そもそも配管の更新は、一度水の流れをバルブでせき止めて、その間に行うのが従来の手法だった。しかしそれだと、断水になる範囲が広く時間もかかる。またバルブの開閉によって、「赤水」が大量に発生するのも悩みだった。

不断水工法は、管（水流）を分岐させることで完全に水をせき止めることなく工事を可能にする方法。そして同社が確立した「凍結工法」は、分岐の前後の管を凍結させることで、仕切弁などの工事後不要になる部材を用いないことを特徴とした。

ただしここで一つ補足が必要だ。「不断水工法」というと、全く断水を行わなくていい工法に感じるが、実際にはどこかしら一部では断水が起きる。大久保は「全身麻酔と部分麻酔の違い」をたとえに出すが、施設全体で一度に断水が起きないように、部分部分をこまめに切り替えながら、断水箇所を最小限にする手法になる。その柔軟性と対応の早さが強みとなる。

「以前から凍結工法の存在は知られていたのですが、現場での施工が難しく浸透していませんでした。それを当社がより精度の高い技術として完成させたのです」と大久保は言う。

特にポイントとなったのが、それまでの配管工事全般から、凍結工事部分だけに業務を絞ったことだ。「例えば凍結に使う液化窒素、これは非常に価格が高く管理も面倒、一般的な工事業者ならそれほど頻繁に使うものではありません。そのなかで私たちは、１９９７年に専門特化を打ち出したことで、会社の強みを明確にし、優位性を確保することができました」

PROFILE

大久保 太陽
おおくぼ たいよう

1982年、埼玉県川口市出身。工学院大学専門学校卒。シーテックを経て、2007年に大勇フリーズ入社。専務取締役、取締役副社長などを経て、2016年9月代表取締役社長に就任。

さらに配管工事会社と業務を分担したことで、一つの現場にかかわる時間が大幅に圧縮され、多数の現場を効率的に回すことができるようにもなった。同社の施工力は業界からの支持を集め、その後顕著な成長を見せる。

社員全員で成功体験を共有できる会社に

大久保が同社に入社したのは2007年。「当初は会社を継ぐ予定はなかったし、そういう話をしたこともなかった」と言うが、会長が体調を崩すことが多くなったため、「会社を支えないと」と急転入社を決めたのだという。

そのような状況下だったため、早々から経営の前面に出て指揮を執った。「みな一生懸命に行動していましたが、変化への柔軟性が弱く、効率化を図る意識も低かった。例えばメーリングリストによる一斉送信の代わりに、各自がめいめいに携帯で状況を発信する。電卓を叩きながらエクセルを入力するなどといった姿を見た時は愕然としました。これは厳しいなと」

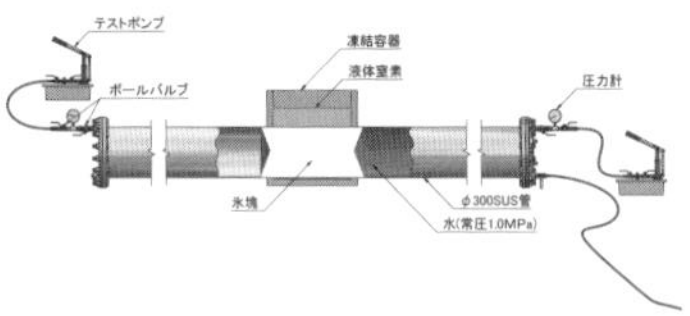

（左）「不断水凍結工法」の施工イメージ断面図。
（右）「渋沢栄一ビジネス大賞」などの表彰状や、近年取得に力を入れている自社技術の特許状が並ぶ

ただ大久保の「ライバルと差をつけないと」という姿勢は、しばらくの間空回りした。「会長（当時は社長）が体調を悪くし、息子は新しい組織で新しい取り組みをすると言っている。『それは今、会社に必要なのか？』と不信を招き、多くの社員が去っていきました。変化のスピード感について共通の認識を持てるような、浸透させるための工夫と説明の時間が全くなかったからです」。そこで大久保は中長期視点の経営に切り替え、新卒採用を開始し、若くビジョンを共有できる社内体制を整えていくことにした。そして２０１６年９月に代表取締役社長に就任する。

「その少し前から、全面的に経営を任せられるようになっていましたが、ここであらためて社内外に明確に自分のビジョンを発信し、方向性を共有することができるようになりました。そして一気に攻勢に打って出ました」

まずは中長期の事業計画を立て社内で徹底するとともに、先を見据えた資金調達を実現。平成以降に導入された「凍結工法が使いにくい」鋳鉄管でも施工可能な技術で特許を取得し、さらに管の熱負担を軽減する解凍方法を開発し、特許を申請した。

また「渋沢栄一ビジネス大賞」「かわさき起業家優秀賞」などを続けざま

に受賞。自社の強みや実績をより社会に発信し、企業ブランド向上につなげる機会を得た。

「この数年ずっと走り続けた結果が、着実にカタチになってきました」と、大久保は確かな手応えをもとに、第二創業ともいえる次の時代の目指すべき姿を口にする。

「今までは私が前面に出て突っ走ってきた部分が多かったのですが、成果・目標を社員一丸となり達成できる組織にしていくことが、4年後に設立40年を迎える私たちのあるべき姿です。私は学生時代サッカーをしていたのですが、なぜサッカーが好きだったのか振り返ると、それはチームみんなで目的に向かっていく一体感が好きだったから。幸い私たちの仕事は、社会にとってなくてはならないインフラを支えること。その強い自負を持って、一人ひとりが自立し成長できる会社であり続けたいと考えています」

株式会社
大勇フリーズ

〒333-0831
埼玉県川口市木曽呂7-1
☎048-290-5611
http://www.daiyufreeze.co.jp/

設　立●1983年1月
資本金●1000万円
社員数●38名
売上高●5億5000万円
（2017年7月期）
事業内容●凍結工法を中心とした水道管工事

日本防犯システム

「犯罪をなくし安心・安全な世の中を」の理念を徹底 治安向上の黒子を担う大手防犯カメラ専業メーカー

代表取締役 賀来 泉

市場黎明期から首尾一貫、防犯カメラに特化して成長を続けてきた日本防犯システム。安心・安全をつかさどる企業としての社会的使命の共有と、「メイド・イン・ジャパン」のモノづくりへのこだわりが支持され、専業メーカー最大手の地位を不動とする。さらに培ってきた知見や実績を武器に、「日本の安全をグローバルスタンダードにする」ための挑戦も始まった。

2002年、戦後最悪の285万件を記録した刑法犯罪認知件数は、およそ15年が経過した現在、91万件ほどに大きく減少し、3年連続で戦後最少を記録している。このように日本の治安が大きく改善された要因の一つとして注目されるのが、防犯カメラの存在だ。

日本防犯システムは、この最悪期さなかの2001年に防犯カメラ専業メーカーとして創業。高性能と使いやすさを武器に市場の認知・拡大に貢献し、治安の向上を支える黒子的存在として、業界の成長とともに歩みを重ねてきた。

近年は、安心・安全の確保による付加価値戦略の一環や、企業のコンプライアンス意識の高まりなどを受け、用途や裾野が着実に拡大。さらに民泊の増大や東京オリンピックの開催に向けてなど、国を挙げて防犯への機運が高まる追い風もあり、2017年12月期の年間の機器販売件数は前年比125パーセントと躍進。超大手メーカーがしのぎを削るなかで、防犯カメラ業界で大きな存在感を誇り、専業としてはトップクラスの実績を誇っている。

犯罪への抑止力から予測・未然防止へと進化

同社代表の賀来泉が、防犯カメラと出合ったのは1999年。当時勤めていたコインパーキング会社の新事業として、「防犯対策用に自らのニーズから着眼したもの」だったが、実際には全く売上げは立たず、わずか半年で事業を閉じることになった。

わが社はこれで勝負!

74159台

主力製品「JS-CA」シリーズ。売上げの約20%を占める

2017年に日本防犯システムが販売した防犯カメラの総数。前年から約1万5000台、25パーセントの顕著な伸びを見せる。専業メーカー大手として、先進的な製品を次々に市場に投入し、裾野の拡大と業界の成長に尽力。官公庁をはじめ、マンション、商業施設、病院、オフィス・工場などで、採用が進んでいる。

しかし、まだ防犯カメラを必要とする社会風土がなかった時代にもかかわらず、「必ず重要視される時が来る」という信念で、事業を譲り受けて起業。その後も数年苦しんだというが、業界の勢力図を一変するヒット商品を相次いで生み出し、一躍業界の風雲児となった。

飛躍の起点となったのが、HDD方式を採用した「デジタルビデオレコーダー」と、屋外でも高い効果を発揮する「赤外線LED搭載カメラ」だ。いずれも当時最高峰の性能を持ちながら、同水準の機器の10分の1ほどの価格を設定。複数設置してもまだ安いことから、店舗内・入り口・駐車場内など複数のカメラを手軽に取り付けられるようになり、その利便性と機能性の高さを背景に新たな市場を開拓していくことになった。

一方そのころ、防犯カメラの映像から実際に犯罪の解明につながる事例が生まれ、その有用性が社会的に大きくクローズアップされるようになり、「犯罪の抑止力」への期待から、設置台数が飛躍的に増大した。同時に、画像の精度も強く求められるようになった。

さらに、技術の進化に合わせて、マンションなどの居住施設の新たな付加価値として注目され、やがてそれらは業界のスタンダードになっていった。

その後、機密の漏洩や異物の混入など社内不祥事がメディアをにぎわすようになり、社内のコンプライアンス対策としての導入も増えた。「以前は『プライバシー侵害ではないか』などと懸念されることもありましたが、しっかり情報を管理することで、(濡れ衣や社内不信などから)逆に

PROFILE

賀来 泉
かく いずみ

1963年、福岡県出身。福岡県のコインパーキングメーカー勤務時に防犯カメラ事業立ち上げに携わり、事業中止後に業務を譲り受ける形で2001年に創業。2004年にオンセールスを設立。2009年、日本防犯システムに社名変更。


社員の身を守る手段となるということが理解され、『見張られるから見守られる』へと認識が変わってきた」と賀来は語る。

今後はさまざまな認証技術やＡＩなどの進化が進み、「表情の変化や行動パターンを読み取ることで、起こりうる犯罪を予測し対応策を図る時代も近づいている」と言う。業界の進化を牽引してきた同社にとって、求められることや応えていくべきことはこれからさらに大きくなりそうだ。

「会社のあり方」の徹底とメイド・イン・ジャパン

先進的な機器の販売や強固な営業力を武器に、事業を拡大してきた同社だが、実は「今の当社があるのは、２０１０年ころの大きな経営方針の転換にある」と賀来は言う。

キーワードは二つ、売上げ至上主義から、「会社のあり方」を徹底的に追求する理念経営へ移行したこと。そして「防犯カメラの品質へのこだわりを強く表すために」メイド・イン・ジャパンの姿勢を打ち出したことだ。

（左）防犯カメラで世界を救う『1カメラ→10ライス』プロジェクト。2017年は約70万杯をカンボジアの孤児院へ。（右）メイド・イン・ジャパンにこだわった「PFJT111」。「FUKUOKA DESIGN AWARD2010」でグランプリ受賞

きっかけは、フォーバルの大久保秀夫会長との出会いだった。「1年間『大久保秀夫塾』に通い、徹底的に企業のあり方を叩き込まれたのです。会社は何のためにあるのかと」、賀来はそう当時を振り返る。

「まず大切にしないといけないのは社員だと。社員の満足度が高まってこそ、お客さまの満足が生まれる。そして社会のためになる。『100年企業』を目指し、社員みんなで社会に貢献していく会社になろうと、半年をかけて社是を作成し理念を形にしていきました」

しかし突然のこの変貌ぶりに、社内は驚いた。既存のやり方に慣れ切っていた多くの社員は、一気に会社から離れていったという。「この時は本当に厳しい時期でしたが、この〝危機〟があったからこそ、その後の成長の確たる基盤が形づくられることになったと思っています」

また時を同じくして打ち出した「メイド・イン・ジャパン」の姿勢も根幹にあるものは同じだ。

「防犯カメラにとっての生命線は何といっても信頼。ごくわずかな時間でも『作動していない時があった』では許されません。仕様書だけではわからない、製造者のこだわりやプライド、対応の早さなど、まだまだ日本が優れているところは多い。中国・台湾や韓国製品の品質が上がり、『もう日本製品じゃなくても十分だろう』と、日本のメーカーの多くがそう意識を変えたころに、あえて私たちは、国産品質に徹底してこだわることにしたのです」

この二つの大きな転換を機に、明確なブランドイメージをつくりだすことに成功した同社は、今後「日本の安全をグローバルスタンダードにする」ために海外展開にも力を入れる。「100名の社長を育て、100年続く会社をつくる」その両面から、創業以来掲げる「犯罪がない安心・安全な世の中をつくる」使命に挑む。

株式会社
日本防犯システム
〒105-6109
東京都港区浜松町2-4-1
世界貿易センタービルディング9F
☎03-6809-1217
http://www.js-sys.com/
設　立●2004年8月（創業2001年11月）
資本金●8000万円
社員数●96名
売上高●36億円（2017年12月期）
事業内容●防犯カメラ専業メーカー

タープ不動産情報

工場・倉庫に特化し、取り扱い物件は日本最大級
高い専門性とワンストップの対応力で信頼を拡大

代表取締役　三浦孝志

数ある不動産会社のなかでも、工場・倉庫に特化した不動産会社は稀少である。タープ不動産情報は1999年の創業以来、工場・倉庫を専業として成長を続けてきた。居住用不動産とは違う工場・倉庫のメリットを最大限に活かしつつ、仲介・管理に留まらないワンストップサービスを展開。優秀な人材が定着し活躍できるようなビジョンを掲げ、海外事業も視野に入れている。

タープ不動産情報はなぜ工場・倉庫に特化した不動産会社なのか。それは三浦孝志社長が、住宅やマンションよりも工場・倉庫に不動産としての優位性を見出したからだ。

「不動産投資として考えた場合、工場・倉庫は、低予算で安定した収益を上げられる対象なのです。基本的に居住用不動産と違い、人口減少の影響を受けづらく、他の不動産にはない数々の独自のメリットがあるからです」

まず、工場・倉庫は立地条件を選ばない。マンションの場合〝駅から徒歩10分以上の物件は買ってはいけない〟と言われるが、工場・倉庫は駅からの距離は関係ない。新規に建てる場合もイニシャルコストが安く、リフォームも自由自在に行える。〝ハコ〟をつくるだけなので、多種多様な用途で利用できるほか、居住用不動産と違い、経年劣化が家賃に及ぼす影響が小さい。また工場・倉庫は基本的に何もない状態で引き渡され、必要な設備はテナント側で用意するため、メンテナンスの費用もほとんどかからない。

さらに工場・倉庫のテナントは、設備などで多額の初期投資をするため、一度契約を結ぶと、長期で借り続けてくれる傾向がある。実際に全国展開しているドラッグストアやファミリーレストランなどの大型店舗は、半永久的に物件を借りているケースが多い。「不動産投資では、何よりも空室率を下げることが重要になります。平均入居期間が短いマンションより、テナントが長く居続けてくれる工場・

わが社はこれで勝負!

実現したい夢100個

会社のあるべき姿勢をT・A・R・Pそれぞれの文字に込める

三浦は20歳の時に「人間を楽しもう」と決め、実現したい夢を100個書き出した。これまでに「鯨と一緒に泳ぐ」「赤道直下で水の渦を確認する」などをかなえてきた。社員にも同様に、好奇心や見識を高めるために海外旅行を奨励、有給休暇の申請には上司が無条件で印を押すことを社内ルール化している。

倉庫は、空室リスクを最大限に抑えられる理想的な投資対象」と、三浦はメリットを語る。

工場・倉庫の仲介・管理に留まらないワンストップサービスを提供

創業は1999年。独立する前、三浦は事業用不動産の仲介・管理会社の営業マンだった。その業務を通して、オフィスや工場・倉庫などあらゆる物件を扱い、一通りの知識とノウハウを身に付けた。なかでも得意だったのは、トラブル解決だった。

「家賃が振り込まれない、怖そうな人が出入りしている、などの契約後のトラブルの火消し役に抜擢され、弁護士と相談しながら複雑なトラブルに対処するうち、合法的に解決するための法律知識や、弁護士との連携や裁判所の活用方法などを学んだのです」

独立直後の初仕事も、ある物件オーナーから頼まれた賃貸トラブルだった。それを無料で解決してあげたところ、数十件の管理物件を紹介してくれた。それが工場・倉庫の物件だったのだ。やがて物件の売買・賃貸の成果が口コミで広がり、顧客が増えていった。

バブル崩壊直後の創業だったため、当時は廃業した町工場をはじめ、工場・倉庫の売却の相談がたくさんあった。貸す相手が見つからないため、そうした工場・倉庫をカフェやドラッグストアなどに〝変身〟させ、用途を変えて空間に価値を置く試みも行った。

三浦が工場・倉庫にターゲットを絞った時、同業他社はほとんどいなかったという。工場・倉

PROFILE

三浦 孝志
みうら たかし

1965年、千葉県出身。大学卒業後、アウトドアスポーツの企画運営を手がける個人事務所を設立。26歳の時に不動産事業に魅了され不動産会社に転職。1999年タープ不動産情報を設立、代表取締役に就任。

庫の物件は駅から離れた立地にあるため、客を案内する効率が悪い。トラブル対応などで、広範な法律知識や専門的なノウハウが必要となる。都心のオフィスに比べ、坪単価も安い。そのため、既存の不動産会社は手を出したがらなかったのだ。

同社の強みは、専門分野に特化した独自性に加え、工場・倉庫の仲介・管理に留まらないワンストップサービスを提供していることにある。顧客からの要望が多かったため、社内に弁護士や税理士、FPなど各分野の専門家を揃え、賃貸トラブルから投資コンサルティングまで、オーナーからのさまざまな相談を受けるようになった。工事に関しても自社内に工事部を設け、利益率に上限を設けて請け負うようになった。あくまでも顧客の信用や信頼を獲得するためだという。

こうした取り組みが功を奏して、現在の取引先企業数は約3500社、管理物件は約600棟を数え、工場・倉庫を取り扱う物件数では日本最大級の会社にまで成長した。

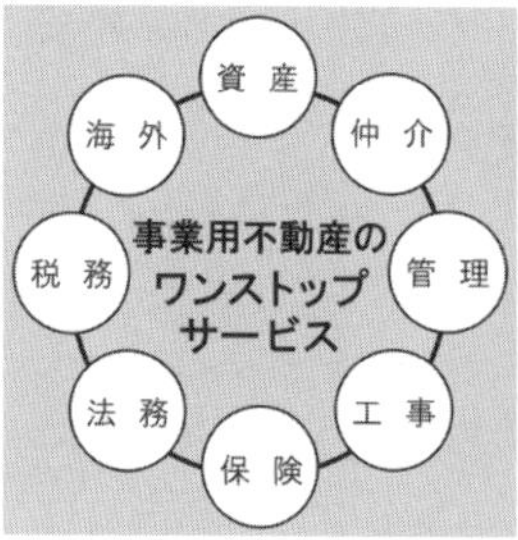

（左）事業用不動産に関するあらゆるサービスを内製しているのが大きな強み。
（右）工場を転用したスケートボード・BMX・インライン練習場（埼玉川口市）

JETROと提携し「ベトナム進出サポートサービス」も展開

同社はユニークな企業文化を持っている。一言でいえば「社員を幸福にする」システムである。なぜなら「お客さまを大切にしなければ支持されず、お客さまに満足してもらうためには、まず社員を幸福にする必要がある」と考えるからだ。

工場・倉庫の取り扱い業務には、複雑な賃貸トラブルや、企業の総務部や弁護士と渡り合う能力が求められる。その人材を育成するためには、ある程度の時間がかかる。そのため同社では、新人から幹部までのキャリアパスを緻密に制度化、給与体系も透明化し、最終的に〝不動産コンサルタント〟として独立できるまでの後押しをする。

三浦は社員に、将来的に「経営陣に加わる」「独立」「ヘッドハンティング」の三つの選択肢を与えている。「そのために、この会社に残ったほうが自分のためになる、と思えるビジョンを掲げ、一緒に夢を追いかける会社にしたいと努力しています」

そのビジョンの実現に向けて現在注力しているのが、海外進出支援だ。具体的にはＪＥＴＲＯと提携して展開している「ベトナム進出サポートサービス」などがある。海外進出の経験がない中小企業向けに、ホーチミンやハノイ近郊の提携工業団地など事業用不動産の仲介や、現地視察サポート、現地法人設立準備や人材確保までのサポートを開始している。

さらに不動産投資案件として、国内に範囲を限定せず、ドイツや米国など欧米の不動産の仲介にも進出しようと考えている。

「景気がよい時は拡張のお手伝いをし、景気が悪い時は縮小のお手伝いをする。景気の風向きがどちらに吹いても、空いている工場・倉庫を〝埋める〟という当社の目標は変わらない。その特性を強みとして成長を続けていきたい」と、三浦は熱く未来を語る。

株式会社
タープ不動産情報

〒112-0002
東京都文京区小石川2-5-7
A棟2F
☎03-5803-9292
http://www.tarp.co.jp/

設　立●1999年5月
資本金●1000万円
社員数●29名
売上高●6億4980万円
(2017年9月期)
事業内容●工場・倉庫専門の不動産会社。資産形成・管理コンサルティング、ベトナム進出支援

MJI

視覚認識に優れたコミュニケーションロボットを開発
多国籍の開発者の連携から世界標準の製品を生み出す

代表取締役 永守知博

MJIは「MORE JOYFUL INNOVATION」をスローガンに、コミュニケーションロボットをつくるベンチャー企業である。設立は2015年7月。ロボットの名称は「タピア」。その拡張性の高さと無限の可能性から、マイクロソフト社から〝コミュニケーションロボット〟として世界で初めて認定された。(注1) 目指すのは「人の代わりではなく、人に寄り添うロボット」だという。

シンプルだが愛嬌のある形。日本古来のダルマにも似ている。

「時代に合わせたデザインにすると必ず陳腐化します。時代が変わっても使ってもらえる、シンプルで心地よいデザインを心がけました」

そう語るのは、「タピア（Tapia）」の生みの親であるMJIの永守知博代表取締役である。

タピアは、カメラやスピーカー、マイクやタッチパネルモニタが搭載された、持ち運びのでき

（注1）“Microsoft Azure Certified for IoTデバイス”として認定

る〝コミュニケーションロボット〟で、視覚認識の精度が高いのが特徴だ。

機能の一つに「見守り」がある。人工知能に膨大な画像を読み込ませて、人間のさまざまな行動パターンを学習するため、例えば「カメラの前で子どもや高齢者が倒れると、ショートメールで家族に連絡」などの連携が可能になる。

「人間がネコとイヌの違いを認識できるのは、膨大な量の視覚情報を蓄積しているからといわれています。これまでのロボットは、目の代わりにセンサーや位置制御を利用しており、いわば〝盲目〟の状態でした。タピアは、ディープラーニングで視覚認識に優れたロボットになることで、人間に近い状況判断ができるようになるのです」

タピアの二つめの機能は「生活サポート」。写真撮影やスケジュール管理、ニュースの読み上げなど、音声による操作が可能になる。そして三つめの機能は「会話」。日常会話として感情表現と好感度システムが搭載されており、接し

わが社はこれで勝負!

11カ国

さまざまな国籍とバックボーンを持った社員が集う

MJIは、小規模ながら社員は多国籍。その国籍は、日本、マーシャル、台湾、英国、フランス、香港、韓国、インド、インドネシア、バングラデッシュ、ベトナムの11カ国に及ぶ。人材の採用にあたって国籍ではなく技術力を重視した結果、社員は自然に多国籍になった。社内での共通言語は普通に英語である。

方次第で応答が変化する。

なので、次のような光景が実現する。長い1日を終えたあと、タピアは冗談と笑いで、人の心を和らげてくれる。いつも傍らに寄り添い、遠く離れた大切な人とビデオ通話をする手助けをしてくれる。万が一の時の通知もあるから安心だ。そして出かける時は最新の天気予報を伝え、リラックスしたい時、気分転換したい時は音楽をかけてくれる。まさに日々のパートナーとして、コミュニケーションが取れる存在なのだ。

「〝電気屋〟の息子として、ロボットをやらないのは悔いが残る」

永守は、日本電産の創業者である永守重信会長兼社長の次男である。大学院を卒業したあと、大手電機メーカーを経て日本電産に入社。父親は日本電産を同族経営にしないことを明言していたため、あくまで将来の〝起業〟のための準備期間と捉えていた。

そして2009年、満を持してITを活用した製造業支援を手がける「エルステッドインターナショナル」（東京・港区）を立ち上げる。〝電気屋〟の息子として生まれ、電気を学んできたことから、事業分野を電気関連に絞り込んだのだ。現在同社は、ヘルスケアとテクノロジーを組み合わせた〝ヘルステック〟関連の事業を展開している。

その事業にかかわるなかで、MJIの共同創設者であるトニー・シュウと知り合い、「ロボット

PROFILE

永守 知博
ながもり ともひろ

1976年、京都府出身。明治大学大学院卒。富士通でエンジニアとして勤務した後、米マサチューセッツ州のサフォーク大学で経営学修士を取得。2009年にエルステッドインターナショナル設立。2015年MJIを設立。

事業を立ち上げないか」と誘われた。

「電気屋の息子で、電気を学んできた人間として、ロボットをやらないのは悔いが残ると考えたのが、2社目の起業の理由です。当時、コミュニケーションロボットはまだ注目されておらず、どんなロボットをつくるかの具体的な案もありませんでした。ただ、ロボットの時代が来ることは子どものころから刷り込まれており、市場はあると思っていました」

開発に当たって考えたのは、シニアでも簡単に使いやすいロボット。さらに従来のロボットにない視覚を進化させ、〝目のAI〟を差別化ポイントにすることである。

タピアは個人向けの商品だが、最初に注目したのは企業だった。法人で使うコミュニケーションロボットとしては低価格で、日本語、中国語、英語での音声対話ができるため、発売後は国内はもとより世界中の企業から引き合いが来始めた。

導入例ではハウステンボスの「変なレストラン」。ここは20年後のレストランをイメージしてつくられた近未来レストラ

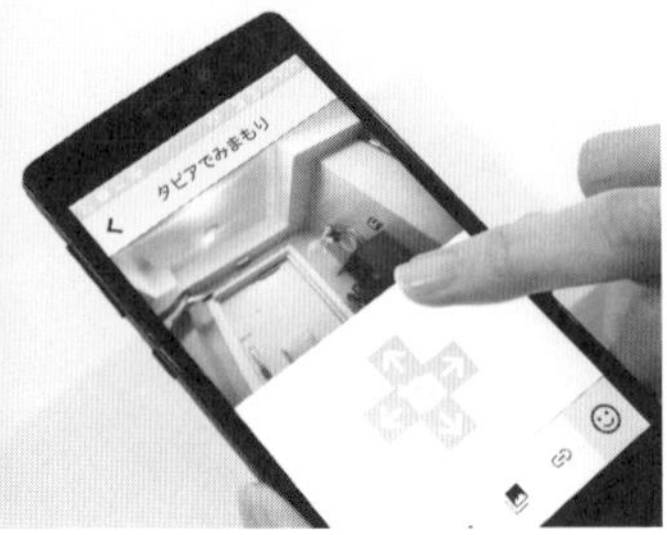

（左）人に寄り添うロボットとして誕生。シニアでも使いやすく心地よいデザイン。（右）日々の生活のパートナーであり、外出先からスマートフォンを使用した見守りも可能

ンで、全テーブルにタピアが配置され、お客さまと会話をしながら「本日行われるイベントの紹介」「占いや天気予報をはじめとした対話プログラム」「お食事時間の経過通知」などの誘導型サービスを提供している。さらに上位システムと連携して「着席管理」や「お客さまが退席された後の清掃要求」も行う。

昨年3月にオープンした「変なホテル舞浜 東京ベイ」ではホテルコンシェルジュとして活躍中。当面は普及台数10万台を目標に、その市場はグローバルに広がっている。

多国籍の開発者と連携し世界標準のロボットを提供

会社としての強みは、最初からグローバルな存在であることだ。同社では一人ひとりのお客さまの声に応えられるよう、独自のオーダーメイドプロダクトの実現を目指している。そのため、米国、カナダ、台湾、韓国、香港など、海外各地の多国籍の開発者と連携を図りながら、製品の多言語化を実現し、各国の市場に合わせたコンテンツやサービスの提供を行っている。

最初の会社、エルステッドインターナショナルを立ち上げた時から、永守には「日本」にこだわる意識がなかったという。国籍に関係なく優秀な技術者を採用すると、必然的に社員は多国籍になり、製品自体も世界標準のものが生み出されるのだ。

スマホなどのデバイスやクラウドの普及と進化で、生活環境は日々変化を続けている。高齢化社会が進み、単独世帯の増加が見込まれるなかで、ＡＩを搭載したコミュニケーションロボットが生活をサポートする風景は、ごく当たり前のものになるのかもしれない。

「当社のロボットは、時に家族であり、時に友だちになります。私たちが目指しているのは、人の代わりではなく、人に寄り添うロボット。〝もしロボットが友だちだったら一緒に何ができるだろう〟ということを常に考えながら、開発に取り組んでいます」

株式会社MJI

〒107-0062
東京都港区南青山2-27-27
丸八青山ビル6F
☎03-6434-9191
https://mjirobotics.co.jp/

設　立●2015年7月

従業員数●25名

事業内容●ロボットの企画・デザイン・設計・販売

『ザ・ファースト・カンパニー』掲載企業のその後

「ザ・ファーストカンパニー」は毎年1回発刊し、今回がシリーズ5冊目になりますが、書籍に登場した企業は、いずれもその後高い成長を見せております。なかでも書籍掲載後に新規上場を果たした企業が非常に多く、その顔ぶれをご紹介いたします。

リアルワールド	東証マザーズ	2014年9月18日	2014版
クラウドワークス	東証マザーズ	2014年12月12日	2014版
ハウスドゥ	東証マザーズ	2015年3月25日	2014版
	東証一部	2016年12月8日	
リンクバル	東証マザーズ	2015年4月28日	2015版
マーケットエンタープライズ	東証マザーズ	2015年6月17日	2014版
イトクロ	東証マザーズ	2015年7月30日	2014版
ビジョン	東証マザーズ	2015年12月21日	2015版
	東証一部	2016年12月21日	
エボラブルアジア	東証マザーズ	2016年3月31日	2014版
	東証一部	2017年3月31日	
ハイアス・アンド・カンパニー	東証マザーズ	2016年4月5日	2015版
ホープ	東証マザーズ	2016年6月15日	2014版
ストライク	東証マザーズ	2016年6月21日	2015版
	東証一部	2017年6月23日	
エルテス	東証マザーズ	2016年11月29日	2014版
シャノン	東証マザーズ	2017年1月27日	2015版
レノバ	東証マザーズ	2017年2月23日	2015版
	東証一部	2018年2月23日	
ピーバンドットコム	東証マザーズ	2017年3月9日	2014版
オロ	東証マザーズ	2017年3月24日	2014版
	東証一部	2018年3月26日	
ティーケーピー	東証マザーズ	2017年3月27日	2014版
テモナ	東証マザーズ	2017年4月6日	2016版
サインポスト	東証マザーズ	2017年11月21日	2014版
SOU	東証マザーズ	2018年3月22日	2015版

（新規上場日順掲載）

PART 3

高い競争力を武器に挑戦を続ける実力派

時代の変化のなかでもぶれないしっかりとした軸を持ち続け、さらなるイノベーションを起こし続けている。そんな志高い業界の第一人者たちを紹介する。

エムアンドケイ

「高級回転寿司」という新たなカテゴリー確立の立役者 職人の働く環境の充実を通じて、さらなる進化を目指す

代表取締役 木下孝治

回転寿司だからこその手軽さと、カウンターで食べる本格的な寿司の美味しさ。その両方の魅力を併せ持つ「高級回転寿司（グルメ系回転寿司）」という新たなカテゴリーを提唱し、業界を牽引してきたエムアンドケイ。大行列店である「金沢まいもん寿司」の成功を武器に、近年さらなる店舗展開を加速。海外に向けた回転寿司の文化発信をもくろんでいる。

ノドグロ、ガスエビ、白エビ、バイガイ、赤西貝などの北陸を代表する海の幸から、トロ、鯛、ウニ、イクラなどの人気定番メニューまで、「金沢まいもん寿司」の寿司レーンには、目と舌を楽しませる魅惑的なネタが、次々に流れてくる。

「手軽で低価格」を売りにして大きな成長を遂げてきた回転寿司業界だが、同店舗では単品で一皿500円、800円といった高価なメニューも、ごく当たり前。2017年11月にオープンし

た上野店は、客単価が3800円にもなるといい、大手チェーンの平均が1000円強であるのと比べると、その違いは圧倒的だ。

この上野店は、平日・週末も昼夜も関係なく店頭には絶えず長蛇の列ができる。創業の地である金沢市内の本店も、18年前の開店から変わることなく行列必至で、当地を代表する回転寿司として、ある種観光名所的なポジションを築いている。

このように、エムアンドケイが運営する店舗はいずれも高い人気を誇り、「高級回転寿司」の第一人者としての地位を、不動のものにしてきた。

気軽に美味しく、家族に食べさせたいものを

社長の木下孝治は、寿司職人でもなく、業界のたたき上げでもない。建築設計事務所の経営者という、異業種からの転身だ。だからこそ〝一人の消費者〟という目線を大切

わが社はこれで勝負!

3800円

連日長蛇の行列ができる「金沢まいもん寿司」上野店

「金沢まいもん寿司」上野店の3800円を筆頭に、同社の回転寿司店はいずれも客単価が3000円前後。業界平均の1000円強、形態が近い他の高級回転寿司チェーンの事例でも2000円前後と、その差は歴然だ。今後はさらに、1皿1000円台クラスのメニューが充実した店にしたいという。

に、「自分が食べたいもの、家族に食べさせたいと思えるもの」にこだわった。

握るのは職人、ネタの7～8割は生ネタだ。「たとえ価格が高くなっても、美味しいものをきちんと美味しいカタチで出していけば、支持していただけるお客さまは必ずいると思っていました。それは寿司ネタだけではありません。店舗の外観、内装やしつらえ、使う器から絵画の装飾まで、美味しさを演出しハレの日を楽しむ店舗づくりに力を入れてきました」

しかし、これほど本格志向・高級路線を目指すなら、カウンタースタイルの店でもよいのではないだろうか。そんな素朴な疑問に対して木下は「回転すしだからこそ提供できる価値や魅力がたくさんある」と説明する。

その筆頭は、やはり手軽であることだ。店に入りやすい、子ども連れや若者、女性だけでも行きやすい、価格もシンプルで明瞭だ。そして、レーンを流れる寿司を目で追い、その場で好きなものを選ぶという一種のエンターテインメント性もある。このような親しみやすさのなかで、本格的な高級寿司の味と雰囲気を楽しめるのが「高級回転寿司」の神髄なのだ。

同社の本格的な店舗展開は、2000年4月の「金沢本店」にさかのぼる。そして2年半後、横浜市青葉区にオープンした「たまプラーザ店」が、大きな成長への転機となった。

出店立地は、駅前でもなく大通り沿いでもない。「周りの人に聞くと、ほぼ全員反対だった」そうだが、木下にはピンとくるものがあった。この地域の住人の嗜好や生活レベルが、自社のコン

PROFILE

木下 孝治
きのした こうじ

1951年、石川県出身。高校卒業後、建築事務所での勤務を経て、父の興した建設会社の社長に就任。親族に会社を譲った後、1995年に高級路線の回転寿司を開業。1999年にエムアンドケイを設立し、代表取締役社長に就任。

セプトにぴったりだと。そして周りの怪訝な視線をものともせず、多額の投資を行い、「加賀の雅」を前面に押し出した豪奢な店舗をつくり上げた。

住宅街に突如現れた存在感溢れるこの建物は、地域住民の注目を一身に集めた。そして、これまでにない高級感ただよう回転寿司のスタイルに驚き、まだ当時なじみの薄かった北陸ならではの味覚に舌鼓を打った。

そのインパクトをさらなる追い風に変えたのが、メディアやマスコミからの注目だった。新たなコンセプトを掲げた「金沢まいもん寿司」は、番組や記事の格好のテーマ。さまざまな特集でクローズアップされ、「回転寿司ランキング」で、ナンバーワンに選ばれるなど、早くから高い評価を確立。首都圏に攻勢をかける大きな基盤となった。

現在もその注目度は健在で、「2017年だけでも、30回ほどテレビで紹介されています。非常にありがたいこと」と、木下は笑顔を見せる。

（左）「金沢まいもん寿司」たまプラーザ店外観。（右）北陸の魅力的な食材をふんだんに取り入れた寿司メニュー

職人を大切にする仕組みづくりが、さらなる競争力を生む

高級路線を追求するからこそ問われる、職人の技、質の高い接客。「金沢まいもん寿司」の評価を支えているのは、何よりも人材の力だと、木下は常に口にする。

「私はこれまで一度も寿司を握ったことがありません。中途半端な知識や経験で、職人を指導することは人の成長を阻害するだけだからです。それよりも、プロとしての矜持をどう伸ばしていくか、それが経営者としての仕事だと思うのです」

その一例として興味深いのが、慰安旅行の代わりに3人1組で自由に興味のある場所を、2泊3日で旅行できる制度だ。「市場や産地を回ったり、繁盛店を見に行ったり、内容はお任せです。見識を広め、店のあるべき姿を考え、仕入れ先との人間関係を深めていくなど、一石二鳥にも三鳥にも効果の大きな取り組みになっています」と木下は目を細める。

また、それぞれが主体的な考え方をできるように、自分のビジョンを社内で継続的に発表する場を設けるなど、さまざまな研修の仕組みを導入。さらに「これからは、働き方の負担をどう軽減するかが、品質の維持にも経営的にも大きなテーマになる」と言い、例えば営業時間後の雑務を別途に人を雇って分担したり、週休2日を定着させていくなど、「職人を大切にしていく会社の仕組みづくり」に力を入れていきたいという。

現在、同社が展開する店舗は「金沢まいもん寿司」を中心に、都心型の「珠姫」、高級志向の「あさの川」、さらに新業態のとんかつ店「金沢かつぞう」など、合わせて17店舗。またカニやおせちをはじめとする通販事業が急成長しており、今後は海外展開にも力を入れていきたいと語る。「自社だけではなく業界全体で協力し合って、全体の底上げを図っていきたい。そして、日本の食文化の魅力を広く世界に発信していく先導役を担っていきたいと考えています」

株式会社
エムアンドケイ

〒921-8064
石川県金沢市八日市3-604
☎076-240-6060
http://www.maimon-susi.com/

設　立●1999年
資本金●5000万円
従業員数●500名
売上高●36億円
(2018年3月期)
事業内容●高級回転寿司店「金沢まいもん寿司」などの飲食チェーン展開

東邦レオ

都市緑化ビジネスのエキスパートが挑むグリーンなライフスタイルの街づくり

代表取締役社長 吉川 稔

都心のオアシスとして多くの人に愛される東京ミッドタウン「グリーン&パーク」、大阪駅に直結するビルの屋上で果実や野菜が豊かに実る「天空の農園」、200本以上のケヤキが緑陰をつくるさいたま新都心の「けやきひろば」。これら全国に広がる「グリーンインフラ」を支える企業が大阪に本社を持つ東邦レオだ。約40年も前から都市緑化に取り組んできたパイオニアである。

創業は1965年。黒曜石を加工した建築資材「パーライト」のメーカーとしてのスタートだった。断熱・吸音機能に優れた壁材は高度経済成長の波に乗って大ヒット。その後、パーライトを土壌改良材へ転用し、1981年に早くも緑化事業が発足。東京都が屋上緑化条例を出す20年も前のことだというから驚く。

当初は資材販売だけだったが、商業施設や公共施設などのビル緑化の施工や、その後の管理・

メンテナンスまで幅広く手がけるようになる。さらにノウハウの横展開により、戸建て住宅の屋上緑化、校庭や園庭の芝生化、道路緑化、マンションの植栽管理など、緑化を軸に事業領域はどんどん広がった。いまや都市緑化の世界で知らない者のないニッチトップ企業となっている。

そんな東邦レオが今、「緑化のレオ」から「街づくりのレオ」へと進化しつつある。

改革のキーパーソンは、２０１６年に異業種から3代目社長に就任した吉川稔。「企画→部品供給→施工→メンテナンスという緑化のサプライチェーンのうち、これまでは主に部品供給以降を担ってきましたが、さらに上流の企画領域に積極的にかかわり、より利用者に近い位置で、街づくりの新しい価値を生み出したい」と抱負を語る。

象徴的なのが、２０１１年に発足し、近年急成長が続く「クリエイティブ・グリーン」事業だろう。核となるのはマンションの植栽管理だが、剪定や除草といった作業にとど

わが社はこれで勝負!　**180**組合 **18万**人

クリエイティブグリーンの事業を支えるグリーンクリエーター

マンションの植栽管理にコミュニティ構築支援サービスを組み合わせた「クリエイティブグリーン」事業の受託件数は2017年現在で180組合。1組合約300世帯、1世帯約2.5人の家族想定で、約7万2000世帯、18万人の顧客アクセスを持つ計算となり、同社の大きな資源となっている。2020年までに300組合突破を目指す。

まらず、「コミュニティ形成」の視点で共用部の活性化に取り組むユニークなサービスだ。

マンション自治会の要望に応じて住民交流イベントを企画したり、団地内のコミュニティカフェを運営したり。物件ごとの課題に合わせたきめ細かいソリューションがコミュニティの再生を促し、不動産価値のバリューアップにつながるとして、ウェイティングが出るほどの人気を誇る。

2016年には、地域資源を活用した空間プロデュースを手がける新会社「NI-WA」を創設。現在、フラッグシップ事業として東京・九段に建つ昭和初期の邸宅建築の傑作「旧山口邸」と庭園を保存・活用するプロジェクトが進行中だ。リノベーションや緑化の技術を駆使し、後世に残すべき文化インフラを充実させていく試みを、今後も積極的に進めていくという。

グリーンが広げる、新時代の街づくりの可能性

「僕が果たすべき役割は社長というより、編集長だと思っています。これまでは裏方的な、知る人ぞ知る企業でしたが、客観的に見るとものすごく価値のある仕事をしている。そうした価値にタイトルをつけ、特集を組み、よりわかりやすく表現していきたいのです。馬具屋から始まったグッチが、革加工技術にクリエイティブを融合させて世界的なブランドになったように、東邦レオは緑化・環境分野の技術にクリエイティブな価値を加えて永続するブランドを目指します」

そう話す吉川は、銀行勤務、投資会社の立ち上げ、セレクトショップ経営といった多様な起

PROFILE

吉川 稔

よしかわ みのる

1965年、大阪府出身。神戸大学農学部卒。住友信託銀行勤務、リステアホールディングス副社長。2010年クール・ジャパン官民有識者会議に参加。カフェ・カンパニー副社長を経て、2016年東邦レオ子会社innovation社長。同年12月より現職。

業・経営経験を持つ事業家だ。なかでも、世界のトップブランドのクリエイションを集結させ、先鋭的なファッションマニアや富裕層から絶大な支持を受けたセレクトショップ「リステア」での実績は広く知られている。しかし2011年、吉川は絶好調だった経営から身を引く。

「リーマンショックの後、アッパー層の価値観は消費より体験、ラグジュアリーよりエモーショナルへと確実に変化したことを肌で判じました。モノより空間に宿る価値を提供できる仕事に携わりたいと思うようになったのです」

そもそも銀行員時代に街づくりのグランドデザインに携わった経験が吉川のビジネスの原点だ。

しかし、当時の都市開発はハードありきで、暮らすこと、楽しむことは二の次だった。本当に価値ある街づくりのためにはどんな方法があるだろうか——。当時から抱えていたそんな問題意識に再び向き合っていた時に東邦レオという企業に出合い、大きなポテンシャルを感じたという。

（左）「九段下」に建つ旧山口萬吉邸。歴史・文化的価値を活用した空間プロデュースにも注力。（右）戸建て住宅の屋上リビング「プラスワンリビング」

そして、社長（当時・現会長）の橘俊夫から「100年続く企業にしたい」という思いを受けて経営に参画。事業継承のテーマを「継続企業の土台づくり」に置き、同社の持つ価値のブランド化と、次代の経営人材の育成をミッションに掲げて経営に取り組むことになったのだ。

社内の壁をなくし、よりイノベーティブな組織へ

社内のナレッジを最大限に生かすために組織の大胆な再編集にも取り組んだ。部門の壁をなくすため事業部制を廃止しプロジェクトごとにチームを編成するプロジェクト方式を採用。公募制のリーダーのもと、現在十数件のプロジェクトが進行中だ。

「管理を極力廃した、いわゆるティール型組織です。こういうと流行の最先端のようですが、僕のイメージは昔の日本企業の大部屋経営に近い。もともと理念を社員全員がしっかり共有しているオーナー会社だからこそできることだと思います。上司という存在をなくした代わりに、約200人の社員の動きは僕

が唯一の管理職として直接把握します。社長というより課長です（笑）」

社内ＳＮＳのタイムラインにはプロジェクトの進捗から日常生活まで活発に投稿され、吉川は全社員の動きをリアルタイムで把握し、必要に応じて情報や指示を与える。しかし、社員から「みーさん」と呼ばれる関係はあくまでフラットだ。

「お客さまとの関係も同じです。顧客をターゲットと見なす時代はもう過去のもの。これからは、企業とお客さまが同じ目的を共有するコミュニティの一員としてつながるのが理想でないでしょうか。この会社ならそんな関係づくりができると思います」。技術力と資金力のある中小企業が、経営手腕のある起業家を外部から経営者として迎えた同社の例は、事業継承の形として新しい可能性を秘めている。ここからどのようなイノベーションが生まれるか、ぜひ注目したい。

東邦レオ株式会社

〒540-0005
大阪府大阪市中央区上町
1-1-28
☎06-6767-1210
http://www.toho-leo.co.jp/

創　立●1965年1月

資本金●9600万円

社員数●245名

売上高●62億9000万円
（2017年3月期連結）

事業内容●緑化関連事業、グリーンタウン事業、外断熱事業

ガイアコミュニケーションズ

広告代理業と人材派遣業を店舗販促に集中 〝真〟の販促企画を実現する頼られるパートナーに

代表取締役社長
栗原弘樹

店舗・イベントへの集客やＷｅｂサイトへの誘導などの販促企画、営業・販売を中心とする現場の人材支援や運営受託。企画・人それぞれに強い優位性を持ち、その相乗で「成果につながる真の販促企画」に取り組んできたガイアコミュニケーションズ。他に類を見ない独自の立ち位置を武器に、クライアントからの高い期待に応え続けている。

「販売促進のパートナーとして、企業の業績向上に貢献する」。ガイアコミュニケーションズが掲げるこの理念が着実に社内に定着し、成果を出し続けてきた源流をさかのぼると、創業時の驚くべきエピソードに行きつく。自らの提案が真に意義あるものか検証するために、クライアント企業のＦＣに自ら加盟し、複数の店舗展開を行ったというのだ。

「新卒で入社した広告代理店で、大手の自動車メーカーの担当チームに入ったのですが、その時、

『自動車を売ったこともない自分が、広告を提案するのは非常におこがましい』そんな意識を強く持ちました。ですから、『自分で事業を起こす時は、自らがまずトライアンドエラーを行ってから提案を行う、そんな会社にする』と決めていたのです」と、社長の栗原弘樹は、自らの歩みを振り返る。

加盟したのは、ちょうどこれから出店を加速させようとしていた大手中古車買取チェーン。チラシからラジオ広告までさまざまな販促策を実践し、自社内で4店舗の運営を手がけるまでになった。そしてその成果を持って多彩な提案を行い、同チェーンの全国展開に大きく貢献したのだ。

「経営の基盤形成においても、その後の事業に対する考え方においても、この時の取り組みは当社にとって非常に大きかった」と栗原は語る。

「広告は制作側の作品ではなく、あくまでもお客さまのお店の繁盛や事業の成長のツールである」という基本的な認

わが社はこれで勝負!

10264名

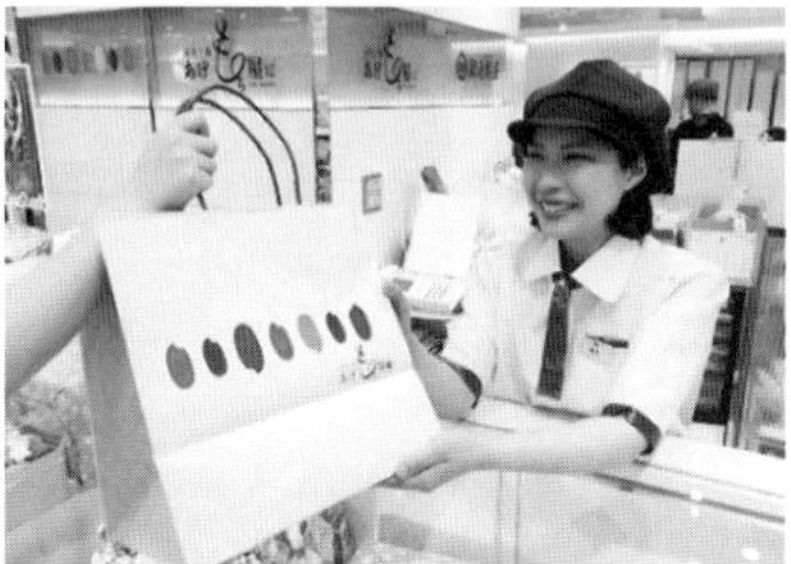

高い接客力とホスピタリティで顧客からの支持を獲得

ガイアコミュニケーションズに登録している販売スタッフの人数。百貨店など接客の質が高く問われる領域に強く、お得意様サロンをはじめ、スイーツや化粧品売り場などで大きな実績を持つ。働く側にとってモチベーションが上がる売り場が多いため、応募者数も多く、レベルの高い人材が集まる傾向にある。

識。放送局における取扱高でトップ10に入るほどのラジオ広告での実績を通じた、「今だけ、ここだけ、あなただけ」といったワントゥワンの概念。さらには、同チェーンの全国展開を共にし、地域性への対応や、効果的なメディアミックスなど、多様なノウハウを積み重ねてきたという。

プロモーション部門と人材部門、その相乗が独自の強さを生み出す

同社のビジネスは、大きく分けると「プロモーション系」と「人材系」の二つ。さらにそれぞれ、前者は広告プロモーション、集客プロモーション、Ｗｅｂプロモーション。後者は人材派遣サポート、店舗販売サポートに分けられる。

具体的な実績で見ると、テレビ・ラジオ・紙媒体などの広告出稿や制作、店舗の誘導看板や屋外広告塔、プロモーションイベントの企画や運営、ブースやツールの制作。キャンペーンサイトをはじめとする、Ｗｅｂ制作や広告の取り扱い。そしてキャンペーンやサンプリング時における人材派遣、小売りの現場のスタッフ派遣や、売り場全体のマネジメントなどがある。

広告事業は他社においても、さまざまな取り組みを横断して組み合わせることは一般的だが、同社は人材部門の機能をも相乗させている。それが非常に大きな特徴だ。例えば新商品のキャンペーンを請け負った場合、その企画立案に始まり、メディア・Ｗｅｂなどを使った宣伝、ツールなどの制作、そして当日の接客、ブースの管理、クロージング対応まで1社ワンストップで行う

PROFILE

栗原 弘樹
くりはら ひろき

1967年、北海道出身。専修大学商学部卒。広告代理店に入社し、大手自動車メーカーの広告販促を担当。その後ガイアコミュニケーションズに資本参加するとともに、1996年代表取締役社長に就任。

ことができるのだ。

「広告会社は、企画は立てますが販売員を集める機能はありません。人材派遣会社は逆に企画力を持たない。当社は双方に強みを持つとともに、これらのノウハウを店舗販促に集中させることで、集客と販売で高い成果を上げることが可能となり、『成果を出すこと』にコミットする企業風土が根づいたのです」

対象となる業種は、やはりBtoC系ビジネスが多く、特に全国に店舗を展開する、小売り・サービス事業者などに、大きな強みを持つという。一方で、各部門の事業の売上げ構成がほぼ均衡しており、そのバランス感の高さも同社の経営の安定度を高めている。

それぞれが役割を分担、小売りの現場は小売りのプロに

そのなかでも近年注目が高まっているのが、小売り現場における人材ビジネスだ。周知の通り、優秀な人材確保にはどの会社も四苦八苦している。採用して、育てて、マネジメントして

（左）販売スタッフとの懇親の場(感謝の集いなど)を積極的に設けている。
（右）デパ地下のショップやお得意様サロンなど、高品質な接客が求められる売り場に強みを持つ

までを賄う体制が整っていない会社も多い。

「私たちは特にデパ地下など、百貨店における実績を増やしています。百貨店内では催事やイベントなどで不定期な販売員の需要が多く、小売りが本業ではないメーカーさんの出店なども多く見られます。さらに接客は高い品質を求められますから、私たちのような専門会社に依頼が増えるのです。特にデパートのお得意様サロンを任されるようになってから、信頼度がさらに高まってきました」と栗原は強い自負を見せる。

「最近では、人の派遣だけではなく店舗の運用を丸ごと請け負う仕事も増えてきました。『メーカーはつくることに専念し、売り場はプロの私たちに任せてもらう』その傾向はこれからよりいっそう強くなるのではないでしょうか」

さらに「お客さまが来場する施設はすべて接客業であるべき」との思いから、今後は水族館や博物館、行政施設などの運営にも進出していきたいという。社会的な人材のアウトソースの流れと、「エンドユーザーに近い」感性とサービススキルを併せ持

った人材力。その掛け算で生まれるマーケットは、まだまだたくさんありそうだ。

そして、その可能性を広げていくためにも、同社は会社をあげてスタッフの育成に力を入れる。栗原自身も定期的に食事会を開催したり売り場に出かける。「スタッフ一人ひとりに、できる限り自己実現の機会を提供したい。高いスキルを身に付けさせたい。誰もが『頼られているという実感』を持てる会社にしたい。その積み重ねにより、会社全体が頼りにされる存在になっていくはず。当社には、集客や接客が好きなスタッフがたくさんいますから」との言葉には力がこもる。

「単なる外注会社ではなく、一緒にやりたい、任せたいと思ってもらえる頼もしい会社になること。パートナーとして期待され続ける存在であること」そんな栗原のかねてからの念願は、社長就任から20年強を経て、今、時代が求める事業に進化を遂げたようだ。

株式会社ガイアコミュニケーションズ

〒102-0094
東京都千代田区紀尾井町4−1
新紀尾井町ビル3F
http://www.gaia-ad.co.jp/

設　立●1992年11月

資本金●5000万円

従業員数●135名

売上高●31億3900万円
(2017年7月期)

事業内容●販売促進、店舗運営受託、人材サービス

日本ウエイン

代表取締役社長 前田泰志

徹底したショップサポートと高付加価値戦略でペット産業の健全な成長をリードする

日本でペットとして飼われている犬・猫は約1575万頭(注1)と、15歳以下の子どもの人口を上回る。飼育数こそ漸減傾向にあるものの、関連用品の単価は上昇傾向にあり、市場規模は拡大中だ。そんなペット産業のなかでも、高付加価値商品に特化した戦略で、市場の拡大を上回るペースで25年以上も右肩上がりの成長を続けているのが日本ウエインだ。

ペット用品の卸業で成長を続ける日本ウエインの優位性の源泉は、シェアや販売ボリュームではなく、高付加価値のオンリーワン商品を独占的に供給する戦略にある。例えば、ドイツのフレキシ社の伸縮リードや、米国のスペクトラム社のペット用ブラシ「ファーミネーター」などの世界的な有力ブランドの日本の総代理店であることにも、それが顕著に表れている。

2000年には商品開発を担うグループ企業、ライトハウスを立ち上げ、オリジナルドッグフ

(注1) ペットフード協会平成29年調査

ードの開発にも乗り出した。米国の企業に生産を委託し、二種類のドッグフードを製品化している。

「いずれも原料にこだわった高品質ドッグフードです。看板商品の『ソルビダ』は、オーガニック原料のドッグフードで、子犬用、成犬用、肥満犬用など5種類を展開しています。また『リガロ』は、良質の動物性タンパク質を主体にしたヘルシーさが特徴です。安価なドッグフードの多くはトウモロコシが主原料なのですが、犬は本来肉食で穀物の消化が苦手です。そこで穀物を一切使わない製法で、消化のよさと栄養バランスを実現しました」。2代目社長の前田泰志は、製品の特長をこのように説明する。

「現在、飼い犬はどんどん小型化しており、身体の小さい犬は食べ物の影響を受けやすい。今後はますます安心・安全で栄養にも配慮した製品が必要とされると思います」

ホームセンターなどで販売されているドッグフードの多くがキログラム100~150円程度であるのに比べ、ラ

わが社はこれで勝負!

5000店

商品の魅力が伝わる売り場づくりに力を入れる

取り扱い点数は国内外の優良商品約2万点。独占的に扱う商品も多く、得意先は、ペットショップを中心に全国に約5000店舗に広がっている。独自性のある商品を強みに戦略的店づくりの提案、顧客限定の展示会の評判を聞いた店舗からの問い合わせが多い。顧客専用の卸サイト「PetWeb」も運営。

イトハウスのドッグフードはいずれも900グラムで2000円以上と高価だが「毛の艶がよくなった」「犬の食いつきがいい」「アレルギー症状がなくなった」など、購入客の評判は上々だ。

ペットショップとともに顧客と向き合い、店づくりに参加する

高付加価値商品の特色をしっかり理解してもらうために、販売先を、ペットショップ、ペット美容室、獣医など、専門知識を持つプロが対面販売できる場に限定しているのも大きな特色だ。商品を納入すると、棚割り、ディスプレイ、顧客へのトーク内容までアドバイスし、店づくりの知恵を絞る。最近は店舗リニューアルをまるごと任される機会も増えているという。

「ホームセンターやスーパーのほうが圧倒的に市場は大きいのですが、生き物を扱うビジネスとして、ペット業界が健全に発展するためには、責任を持って情報提供できる専門店が元気でなくてはいけません。私たちのミッションは、すべてのペットオーナーさまに驚きと感動を提供することですから、売上げを追い求めるよりも、良質な専門店をサポートしたいと考えています」

その思想は、同社が運営するECサイト「ポッシュペットクラブ」の運営にも表れている。得意先のペットショップの顧客だけに商品を販売し、利益はショップに還元する仕組みになっており、自社の販路を広げるためというより、得意先店舗が在庫を抱えずにビジネスチャンスを広げてほしい、という視点で設計されているのだ。

PROFILE

前田 泰志
まえだ やすし

1958年、高知県出身。大学卒業後、製薬会社での勤務経験を経て、1990年日本ウエイン入社。1997年創業社長の父・前田志郎の後を継ぎ、代表取締役社長に就任。

「商品の魅力」が伝わるように販促ツールにも工夫を凝らす。例えば、ソルビダの試供品には2枚の紙皿がセットされているが、これは普段のドッグフードとソルビダを同時に犬に与えて、犬がどちらを選ぶかを確かめてもらうためのものだ。

海外の展示会をまめにチェックし、次なるスター商品探しにも余念がない。大阪、東京でそれぞれ年2回開催する自社の展示会は「他にはない商品が見つかる」と好評で、1日1000人以上を動員する人気を誇るという。

このような取り組みの多彩さに表れているように、「これからの卸は、ただ商品を納入するだけでなく、商品の魅力を深く理解した上で売り方まで提案すべき」、前田はかねてからそんな思いを強く持っていた。

同社は、1960年に米国からドッグフードを輸入し、日本にいち早くドッグフードを紹介した業界の先駆者だ。しかし事業拡大につれて、価格競争に巻き込まれ収益構造が悪化。立て直しに苦しんだ時代がある。

（左）大阪で開催した展示会。2日間でのべ2500人が来場。
（右）営業社員対象のスキルアップ研修の様子。外部からの講師を招いて毎月1回開催

その経験を踏まえ、「消費者に喜ばれる価値ある商品をいち早く見つけ出し、しっかり情報提供しながら適正価格で販売し、自社の利益も確保する」体制を確立。「良品を扱っているという自信や、新しいマーケットをつくりだせるやりがいは社員のモチベーションを高め、専門店はより活性化し、顧客のペットライフが豊かになっていく」という、好循環を生み出している。

新しいマーケットをつくりだせるやりがいが会社の強み

業界のなかで確固たる地位を確立した同社の役割と使命は、社員にも深く浸透している。

ある社員は言う。「当社しか扱っていない商品があり、商談は進めやすかった。もちろん、それまでにない高額商品なので、最初の導入には苦労があったが、一度置いていただくとその価値をわかっていただき、売上げも伸びていった」

また別の社員は、「入社して感じるのはやはり当社の商品・提案はお客さまに喜んでいただけるということ。エンドユーザー

の方からは〝こんな新しい商品があったんだ〟という喜びの声を直接、聞くことができる」などと、仕事のやりがいを語っている。

社員は普段の営業活動のなかで会社の価値と顧客の喜びに出合い、顧客のパートナーにまた一歩近づいたと実感する。そんな社員の誇りとプライドが同社の原動力になっているのだ。

「ペット産業はベビー産業に似ています。ペットはオーナーにとってはもはや家族ですから、衣食住遊さまざまなジャンルにニーズが広がっているのです。ペット業界は成熟産業ですが、そういう意味では私たちが提供できるサービスはまだまだ広がっていくと思います。個人的には、今、デジタル化が進む時代だからこそ、ペットとともに暮らすことの原点に戻り、よりアナログな喜び、リアルな満足感を感じるためのお手伝いがしたいと思っています」

日本ウエイン株式会社

〒567-0865
大阪府茨木市横江2-10-5
☎072-636-1050
http://www.wayne.jp/

創　業●1960年4月

資本金●3000万円

社員数●50名

売上高●59億5500万円
(2017年9月期)

事業内容●動物用飼料、用具、アクセサリーの製造、輸出入、卸販売

ハンズグループ

商業施設を運営していくための付帯サービス全般をワンストップで請け負い、時代の要請に合わせて成長

代表取締役 徳村顯治

商業施設関連事業は競争が激しい業界である。各社とも品質向上やコスト削減などに取り組み、熾烈な争いを繰り広げている。ハンズグループは、商業施設の企画・デザイン・建築から人材サービスによる作業請負業務まで、商業施設とビジネスをトータルにサポートすることで成長を続けてきた。同社の特徴は、時代の要請に合わせ〝スライム〟のようにカタチを変えていくことだ。

「うちのグループを紹介するのは、難しい」。ハンズグループの徳村顯治社長は、自社グループについてそう表現する。同グループはチョウエイハンズを中心とした6社で構成されている。チョウエイハンズは事業持株会社であり、グループの司令塔的な存在だ。特定建設業者としてクライアントと契約を結び、求められるサービスに応じてグループ各社へ業務を依頼する。グループの事業を一言でいえば、「商業施設を運営していくための付帯サービス全般を請け負う」という内

容になる。商業施設の建築や内装の工事に始まり、運営オペレーションに必要な人材の派遣まで、ワンストップ型サービスで提供している。

例えば大型の商業施設をつくる時、通常は、多数の設計会社や工事会社がかかわり、業務ごとに事業者が変わる〝分離発注〟という形式が主流だ。特に商業施設の分野では、建築物のデザインや設計、電気や空調などの設備、テナント店舗ごとのコンセプトに基づいた設計施工など、多様な仕事が発生するからだ。

だが同グループでは、それらの全業務をワンストップで提供する。商業空間の企画・デザイン、建築・内装ならば「チョウエイハンズ」、電気設備工事やLED照明の設計施工は「ハンズソリューション」、食品業界向けならびに接客・販売分野の人材派遣は「FUNtoFUN」、意匠設計やインテリアデザインは「フォークス」、建築内装や物流分野、倉庫業務などの請負は「ハンデックス」、空調衛生設備

わが社はこれで勝負!

目標**100**事業所

幅広い人材が社会インフラの一翼を担う

現在、ハンデックスの事業所は全国40カ所。最寄りの窓口1つで「各地域に密着した人材」を手配できる。最終的に事業所数を100まで増やし、作業請負業務のインフラを構築する計画だ。登録スタッフは業務に合わせて研修を行うが、業務を通してその分野に熟練し、指名が来るケースも多いという。

工事ならば「プロメント設備」という具合である。

それぞれの事業会社は専門分野に特化しており、グループ全体で業務を遂行する。

「建設に携わるため特定建設業の認可を受けていますが、自分たちでは建設業という意識は持っていません。商業施設のなかでもスーパーマーケットや家電量販店の仕事を請け負う機会が多いので、〝流通業〟の一端を担っているという意識が強い。流通業の入り口から出口までサービスを提供するのが、グループの存在価値だと考えています。そもそも自分が一定の業種の経営者だと思ってはいません。企業は〝スライム〟のように、市場の環境や時代の要請に応じて、柔軟にカタチを変えていかなくてはならない。だから今の経営体制も、決して完成形ではないのです」と徳村は言う。

がむしゃらに働いたことで、周囲の人々が応援したいと思ってくれた

チョウエイハンズの創業は1987年、徳村が20代半ばのころである。それまで両親が営む会社の手伝いや、自らカフェを営むなど、さまざまなことを手がけてきたが、企業への就職経験はなく、学校を卒業してから特に専門に勉強してきたこともなかった。

創業したきっかけは、知り合いから「店舗什器の組み立て事業がある」とすすめられたことにある。起業したいと思ってはいたが、その分野での起業を目指していたわけでもなく、知識や経

PROFILE

徳村 顕治
とくむら けんじ

1959年、宮城県出身。スチール製品家具の施工事業で1987年に創業。1989年取引規模の拡大に合わせて店舗什器施工を行うチョウエイハンズを設立。現在は、ハンズグループ6社を牽引する。

験があったわけではない。だが、同社は順調に成長する。

「がむしゃらに働いたことで、周囲の人々が応援したいと思ってくれたのです。建築関係は参入障壁があって、信頼やネットワークがないと入りづらい。ただ店舗什器については老舗がないため、参入障壁が低く入りやすいメリットがありました」

事業拡大の秘訣は、とにかく〝人との出会い〟と〝巡り会う機会〟を大切にしたことにある。徳村の営業スタイルは少し変わっている。仕事をくださいとは言わず、ひたすら相手の話を聞くことに徹するのである。根底にあるのは、騙したり嘘をついたりしないこと。すると取引先の人々は、次第に徳村の〝人間性〟を信頼し、仕事を出してくれるようになる。

１９９０年代後半に店舗内装工事という新たな事業領域に進出、２０００年には関東圏に営業所を開設する。

転機となったのは２００２年のハンデックスの設立だ。主な業務は、登録スタッフによる作業請負業務である。商業施設やオフィスの施工作業をはじめ、建築・内装現場作業や物流・運

建築、内装、設備の設計・デザイン・施工から、店舗の什器組立、商品陳列、搬出入等のさまざまな作業、人材の紹介、派遣、運営受託と、商業施設運営におけるあらゆる場面に寄り添う

送・倉庫内作業、イベント・展示会やセールスプロモーション、各種内装工事（材工対応）までを請け負う。

「ハンデックスはさまざまな業種業態に携わっており、営業に行くたびに〝これはうちでもやれるのでは？〟という気づきがあります。例えばコンビニエンスストアにアイスクリームの冷凍ケースを販売すると、メンテナンスの必要が生まれます。しかし、メーカー自身がその需要に応える営業所を全国に構えるのは難しい。そうした作業を当社が請け負うのです」

ハンデックスの事業所は全国に40あり、各地域に密着した人材を手配するのが特徴だ。将来的には全国に１００拠点を構え、請負業務のインフラを構築したいと考えている。

〝人材採用業〟と考えて採用に注力、海外進出も視野に

「構想しているのは、ハンデックスの下に専門分野に特化した事業会社を最低でも10社つくり、登録スタッフの希望する分野のエキスパートになってもらい、最終的に正規雇用をするとい

う仕組みづくり。いわばハンデックスが〝ハローワーク〟のような働きをする形態で、社会貢献にもなると考えています」と、徳村は今後の事業展開を語る。

ハンデックスが業界で評価を得ているのは、人材の品質が高いからだ。徳村は、同社を〝人材採用業〟と考え、採用に力を入れてきた。事業所の所長も中途採用で、志のある団塊ジュニアを積極的に採用する。

また現在、同社では登録スタッフに外国人の技能実習生（ベトナム）を受け入れており、今後その数を増やしてゆく方針だ。同時に事業所を海外に設け、技能実習生を現地の事業所で再雇用、日系企業の請負作業を行うという計画もある。「会社は多面体でなければならない」と語る徳村。まさにハンズグループは、〝スライム〟のように社会に寄り添いながら、成長を続けている。

ハンズグループ

〒101-0032
東京都千代田区神田岩本町
1-14　KDX秋葉原ビル9F
【東京本社】
☎03-5289-0061
https://www.handsgroup.co.jp/

設　立●1989年3月（チョウエイハンズ）

資本金●1億515万円（チョウエイハンズ）

社員数●450名（グループ計）

売上高●132億円（2017年1月期／グループ計）

事業内容●商業施設・オフィスデザイン・設計、施工を手がけるチョウエイハンズ、軽作業請負事業などを手がけるハンデックスなど6社で構成される企業グループ

デージーネット

OSSを利用したシステム構築にフォーカス　高い技術力でインターネットの可能性を広げる

代表取締役　恒川裕康

ネットサービスや大手企業で積極的に導入されているOSS（オープンソースソフトウェア）。製品ではなくOSSを利用することで、ライセンスコストを抑えることができ、変化のスピードの早いソフトウェア開発にも対応できる。創業以来デージーネットは、そのOSSを利用したシステム構築に実績を持ち、システム導入後の運用やサポートにも積極的に取り組んでいる。

OSS（オープンソースソフトウェア）とは、ソースコード（設計図）が無償で公開されているソフトウェアのことだ。一般的にソフトウェアのソースコードは知的財産として扱われるが、OSSはソースコードを共有財産として扱い、あらゆるユーザーが修正や改良を重ねていくことで、よりよいソフトウェアになることを志向している。

旧来のシステム開発は、既製品に業務を合わせるか、新規にソフトウェアを開発するしか方法がなかった。だがＯＳＳを利用すると、安価かつ効率的に自社のシステムをつくることができる。デージーネットの主力事業は、そのＯＳＳを使ったシステム構築と、サーバ構築後の運用や障害時のサポートである。現在、年間最大約３００台のインターネットサーバを構築し、１５００台を超えるサーバの管理とサポートを行っている。

創業者である恒川裕康社長は、同社の特徴をこう語る。

「私たちは、インターネットのネットワークインフラで利用するＯＳＳを得意分野としています。ＯＳＳはこれからＩｏＴやビッグデータ、ＡＩなどの分野を支える重要な基盤となってきます。またインターネット上を流れるデータも飛躍的に増加し、将来的に次々と新たなＯＳＳが公開されることは間違いありません。当社では非常に多くのＯＳＳを取り扱っており、他社では取り扱っていないＯＳＳを利用できるのが大きな強みになっています」

ＯＳＳのシステムはサポートを心配する顧客も多い。そ

わが社はこれで勝負!

104個

最新のOSS技術を学ぶため社内研修にも力を入れる

無数にあるOSSのなかからさまざまなソフトを実際に検証し、企業ニーズに対応できるものをリストアップ。現在取り扱うOSSの数は104個に及ぶ。Webサーバやデータベースなどの基本的なOSSだけでなく、幅広い分野で先端の技術を提案できる技術力が、同社の評価の高さにつながっている。

のため同社では安心してサーバを利用できるように、〝つくってから使い終わるまで責任を持ちます〟というコンセプトのもと、システム利用に関するQ＆Aや、日本語でのセキュリティ情報の配信、障害時の調査と回避など、サポート事業にも力を入れている。

二重化、無停止、セキュリティなど、専門技術者だからこそできる最新技術分野にシフト

恒川は以前、大手電機メーカーの関連会社でＵｎｉｘ関連の研究開発や、ネットワーク構築事業に従事していた。独立したのは、製品として売られているソフトウェアがオーバースペックな上に高価で、企業ニーズに即していないと思ったからだ。ＯＳＳを使えば、よりよいシステムを安価に構築できるという自信があった。

当初は2名でスタートし、オープンソースを使ってＷｅｂサーバやデータベースなどのシステムを低価格で構築していた。転機となったのは、障害等でネットワークシステムが停止しないように、ＯＳＳを使ってシステムを二重化する技術を他社に先駆けて確立したことだ。

「システムの二重化の技術は、単純なＷｅｂサーバやデータベースサーバを開発することに比べると、はるかに技術的な難易度が高い分野。大震災をきっかけに、インターネットが社会インフラとして認められるようになり、総務省もＩＳＰなどに無停止を求めるようになった。加えて2010年代にはＳＥＳ（技術者を企業に貸し出すサービス）との競合が激しくなったことから、当

PROFILE

恒川 裕康
つねかわ ひろやす

1967年、愛知県出身。名古屋大学理学部物理学科卒。大手電機メーカー関連会社にてUNIXの研究開発に従事。その後ネットワークやインターネットサーバの構築業務を担当。1999年にデージーネット設立、代表取締役就任。OSS関連の著書多数。

社は単純なサーバ構築の仕事から撤退。二重化、無停止、セキュリティなど、専門技術者だからこそできる最新技術分野にシフトしたのです」と、恒川は語る。

以降、インターネットインフラの領域に注力し、CATVや通信事業者から、一般企業や大学まで幅広い分野に対応。比較的大規模なネットワークやシステムを扱うようになった。また2015年にOSSの研究部門を立ち上げ、新しいOSSを企業へ提案するビジネスをスタート。その背景には日本のOSSの活用状況に危機感を感じているという理由もある。

少し専門的になるが、例えば同社はDNSサーバ（URLと実際のサーバのアドレスとを結びつける重要なインターネットサービス）の分野で、PowerDNSというOSSを推奨している。だが日本企業の多くは、セキュリティ問題があり設定が難しいBINDというソフトウェアを使い続けている。SESの技術者に知識がなく、非常に保守的なためだ。

恒川はこう続ける。「こうした状況は、さまざまな分野で発生

（左）OSSの認知と啓蒙のため多数の専門書を執筆している。
（右）OSSで構築するクラスタに近年注目が集まっている

しています。だからこそ当社は新しいソフトウェアを調査して日本国内に紹介し、利用するために必要なサービスや日本語化に取り組んでいるのです」

プロの精鋭技術者の集団として企業ブランドを確立する

最も力を入れているのは、ＯＳＳの第一人者としての技術強化への取り組みだ。具体的には、まず人材の育成。ＯＳＳは非常にソフトウェアの更新が速いため、トラブルが発生した場合、開発元のコミュニティと連絡を取り合い、自分で原因を見つけて対応方法を検討できる能力が必要になる。つまり、物事を主体的に捉えて行動できる技術者の養成が必須となる。そのために精鋭技術者たちを集め、新人の育成も行っている。

加えて、社内における技術の標準化と、作業の専門化・分業化を進めている。技術の標準化については、利用するソフトウェアの基準、作業の段取りや試験のやり方、ドキュメントの整備方法などの基準をつくり、均一な高品質を担保している。一方、システムの構築にはさまざまな段階があるため、各段階で専門的な作業を分担。その結果、運用や保守の際にも多くの技術者が参加でき、組織的な対応を行うことが可能になっている。

このほか、同社では人や仕事に対する姿勢を重要視し、独自の行動規範を設定している。毎朝、「正直で誠実な行動をします」などの行動規範を唱和、社員の一人がその規範についてスピーチすることから業務がスタートするという。

恒川が目指すのはＯＳＳの普及を通じた社会貢献とビジネスの成功だ。「今後ＩｏＴやビッグデータなどの技術が進み、ＯＳＳの重要性が増すマーケットのなかで、よりよい技術を発揮し続けるのが目標。誰よりもＯＳＳを熟知している専門家として、また重要なサーバを任せられる信頼できるエンジニア集団として、当社の企業ブランドを確立していきたいと考えています」

株式会社
デージーネット

〒465-0025
愛知県名古屋市名東区上社
4-39-1
☎052-709-7121
https://www.designet.co.jp/

設　立●1999年5月
資本金●4000万円
社員数●41名
売上高●3億4013万円
(2017年12月期)
事業内容●オープンソースソフトウェア（OSS）を駆使した、システム構築、社内サーバインフラの構築、インターネットサーバ構築

パルス電子

代表取締役社長　石原　剛

創業以来「お客さまの困ったを解決」に愚直に取り組み高付加価値領域のトランス製造でブランド力を拡大

鉄道、防衛、医療、産業機器、通信放送など、高い品質と信頼が求められる業界に特化し、トランスの開発・製造を行うパルス電子。創業当初から、多品種小ロット・高付加価値・国内生産・積極的な在庫投資など、時代に流されることなく独自の経営スタイルを追求。一方で中長期的な営業戦略で市場を開拓し、高いブランド力を築いてきた。

トランスを日本語に訳すと変圧器。その名の通り、機器が必要とする電流量に合わせて電圧を変える装置だ。日ごろなかなか目にする機会は少ないかもしれないが、「電気を使用するものなら、ありとあらゆる場所や製品に入っているんですよ」と、パルス電子の石原剛社長は、笑顔で自社の製品について説明する。

構造は鉄芯にコイルを巻き付けるだけという、至ってシンプルなもの。100年以上、その原理は変わっていないそうだ。しかし、コイルの材質や太さ、巻く量、密度、さらに鉄芯の種類や形など、少しずつの差が大きな性能差を生む製品でもある。

丁寧・実直でありつつアグレッシブな逆張り経営

同社の歩みを振り返ると、創業から今に至るまで一貫した大きな軸がある。それは「お客さまの困ったを解決する」ことへの徹底的なこだわりと、その実現のために、時代の流れに迎合することなく、絶えず中長期を見据えた経営を心がけてきたことだ。

例えば、柔軟な機動力を武器に「多品種小ロット」にこだわった営業姿勢。今でこそ一般的かもしれないが、同社の創業は1984年、バブル最盛期に向かう大量生産大量消費の経営スタイルが闊歩していた時代だ。

しかし同社では、その当時から「大量生産が通用する時代は、そう長く続かない」と考え、「適正価格にこだわり、

700種類

わが社はこれで勝負!

顧客ニーズに合わせて多種多様なトランスを生産

パルス電子が手がけるトランスは、月間約700種類。金額にして数百円から数十万円、大きさにすると8ミリから500ミリまで非常に幅広く、顧客のニーズに合わせて、わずか"一点"から対応できるのが同社の強みだ。リードタイムは40日が基本だが、最短では翌日対応を行うなどクライアントの要請に柔軟に対応している。

注文一個のお客さまでも丁寧にお応えする」姿勢を貫いてきたという。

興味深い取り組みはまだまだある。働くスタッフは全員が社員、在庫は積極的に保有し、生産は国内にこだわる。いずれも、日本の多くの企業が歩んできた道とは見事に真逆だ。

「社員であれば、じっくり時間をかけて教育し、長く定着していただける。高品質の製品を安定して供給していくためには、非常に大事な要素です。一方、入手しにくい部品をしっかり在庫として保有し適正管理をすることで、お客さまのニーズに柔軟に応えることができ、安いものでは数百円ほどの製品を、一個からでも即時に受けることができる、私たちの優位性の源泉になっています。また国内生産にこだわったのも、『目の行き届くところで、しっかり責任を持てる仕事をしたい』という気持ちから。いずれもただ純粋に、お客さま志向の表れなのです」

丁寧で実直だが、実はアグレッシブな逆張り経営でもある。その結果同社は「創業以来ずっと黒字」という安定基盤を築き上げてきた。

さらにもう一つ、同社らしい非常に愚直なエピソードを紹介する。それは石原が取締役営業部長のころ。経営不振に陥っていた取引先の一つから大きな発注があった時のことだ。

石原は「回収できる見込みがない取引だから、受けるべきではない」と言い張った。しかし創業者であり父である現会長は、「今までお世話になってきた会社だから、それはできない。困っているお客さまを大切にするのが会社のスタンスだから、回収の見込みがなくても仕事を受ける」

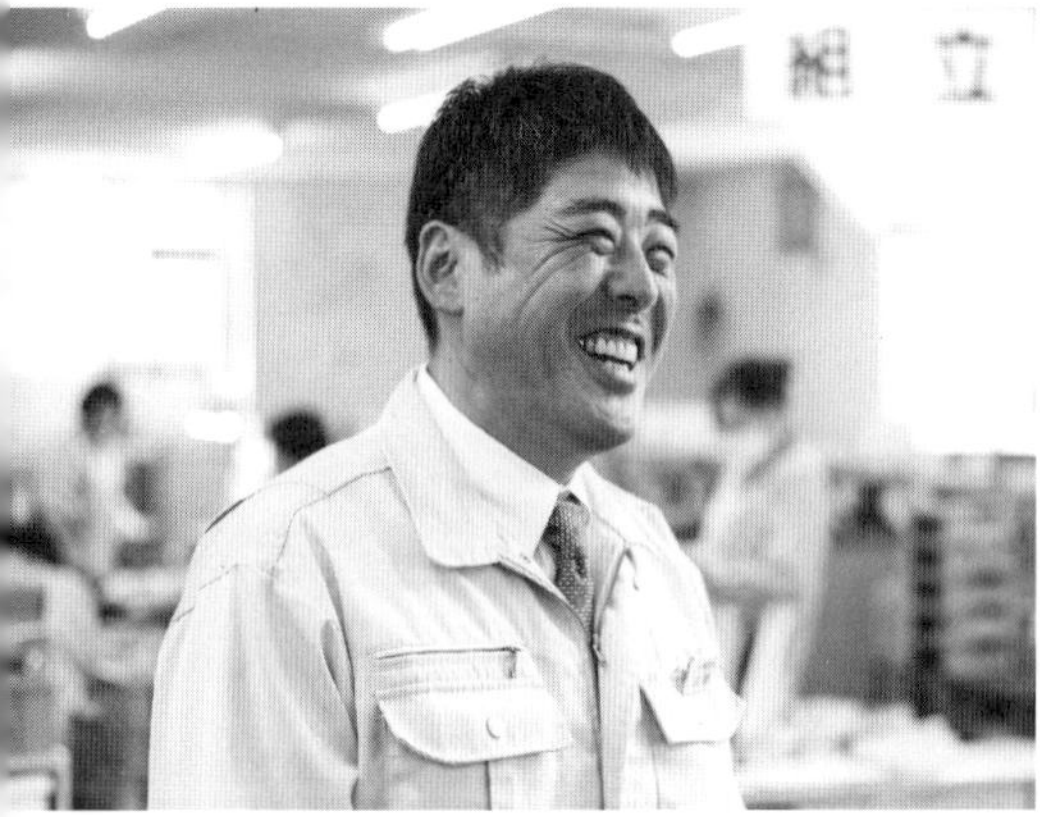

PROFILE

石原 剛
いしはら たかし

1970年、新潟県出身。東京工学院専門学校卒。1993年にパルス電子入社。大手客に偏った売上げ構成脱却のために新規開拓をメインに従事。2008年12月に専務、2016年8月に代表取締役社長就任。

と突っぱねたのだ。

結果はやはり倒産し未回収に終わった。しかしこの時の同社の姿勢が信頼され、その後事業部門の一つを譲り受けることになった。そして現在は福島パルス電子として、グループの経営を支える大きな屋台骨の一つになっているという。

「パルス電子」の信頼とブランド力をより高めるために

石原の入社は1993年、バブル崩壊直後のころだ。産業機器関連、検査機、インフラ関係の企業向けに、堅実な事業を行っていたが、一つ大きな懸念があった。それは、一部の顧客への依存度が高かったことだ。そこで会長と相談し、将来に向けての新たな顧客開拓に徹底して取り組むことになる。

「新規のお客さまがなぜ当社に相談をされるのか。それは、今の取引先では対応できない、日程が足りない、使用していた品番が生産中止になったなど、『現場が困っているから』にほかなりません。ですから私たちは、『できない』と言わないことをす

（左）コイルを巻くのは今も手作業。多品種小ロット生産のため、このほうが効率がいいという。（右）新潟県村上市に本社を構えるパルス電子社屋外観

べての前提に置き、最善を尽くすのをモットーとしてきました。稀に『明日までに何とかしてほしい』といった切実なものもありますが、そういう依頼に柔軟に対応できるような工程の組み方をしているのも、私たちの特徴です」

そして、これらの姿勢は必然的に口コミとなって浸透し、取引先は着実に広がっていくことになった。

もう一つ石原がこだわったのが、自社のブランド形成だ。そこで、鉄道、防衛、通信放送など、求められる条件が非常に高い業界に注力し、特に防衛分野は10年もの年月をかけて、実績を確立。同社の信用をもう一段高くすることにつながった。

「ここで重要なのが品質です。実は私たちは創業のころから、出荷記録・検査記録などあらゆるデータを保有し、ＩＳＯ基準以上の管理を行っています。手間はかかりますが、品質をよくすることで不良率が下がり、安定在庫によって作業スピードが上がる。結果的に『よいものを適正価格で』提供可能な、私たちの競争力を生み出しているのです」

そして、その品質を担保する社員の姿勢も大きなキーワードだ。「近年は、飛行機の管制塔や最新鋭の新幹線など、より高度な案件が増えています。小さな部品一つでも、それが社会にどのような意味を持つか、自分や身近な人の生活にかかわっているか。そういう事例を見せながら『より自分事』に考えてもらえるように、絶えず意識を共有しています。幸い当社のスタッフは、みな几帳面で責任感が強い。非常に助けられています」と石原は笑顔を見せる。

「最近は、『こんなことができないか』というお問い合わせが非常に増え、トランス以外にも例えば電源設計などの新事業もスタートしました。近い将来には宇宙部門も手がけたいと考えています。そして『パルス電子の製品がぜひ欲しい』とより多くの方に言っていただけるような、確たる信頼とブランド力を築き上げていくのが、私にとっての今後の最大のテーマです」

パルス電子株式会社

〒958-0862
新潟県村上市若葉15-36
☎0254-52-6950
http://www.pulse-denshi.com/

設　立●1984年6月
資本金●3565万円
社員数●20名
売上高●4億5000万円（2017年5月期）
事業内容●トランス（変圧器）の総合メーカー

ジャパンビジネスラボ

キャリア、語学、ワーク・ライフデザインの三つの軸で「輝ける人生」を育む情熱的なスクール事業を展開

代表取締役社長 杉村貴子

日本初のキャリアデザインスクール「我究館」、語学コーチングスクール「プレゼンス」。この二つのスクール事業を両輪に、創業者が掲げた「教育の力で人の可能性を広げたい」という思いに愚直に向き合ってきたジャパンビジネスラボ。2017年からは「ワーク・ライフデザインスクール」を新設し、さまざまな角度から〝自律〟した人材の育成に全力を注ぐ。

就活生のバイブルとして1994年の発売以降、累計で156万部を超えるベストセラーとなっている『絶対内定』シリーズ。この書籍がこれほどまでに長く支持され続けてきたのは、単に就活のテクニックを教えるのではなく、広く先を見据えて「自分の人生を徹底的に考える機会」を提供する内容になっていることにある。

「就職活動の時期だけでなく社会人になってからも、あらためて読み直すなどして、自分のより

どころとしてくださる方が多くいらっしゃいます。時代が変わっても色あせることなく、愛され続ける書籍になったのは、本当に嬉しいことだと思っています」。そう語るのはジャパンビジネスラボの社長、杉村貴子だ。

「杉村イズム」を継承した若者が社会にはばたく

「平成の松下村塾をつくりたい」。1992年、創業者杉村太郎のこの強い思いで「我究館」は始まった。かねてから教育の重要性に関心を持っており、さらにバブル全盛期に大企業で人事の仕事をするなかで、「内定を取ることがゴール」になっている若者の多さに、強い危機感を抱いたことなどが原点になっているという。

最初はまさに徒手空拳。大学の学食を回りメガホンを片手に「学生の諸君！　君たちに夢はあるか？　私には夢がある」と呼びかけ、仲間を募った。

「そのような杉村の熱い思いに触れ、入館を決められた1

わが社はこれで勝負!

156万部

就活生のバイブルとして高い支持を誇る「絶対内定」シリーズ

「絶対内定」は、大学生協10年連続売上第1位のロングセラーで、シリーズ書も多数。これまでに累計156万部を発刊する。創業者、杉村太郎の「自らの爪の先から血を出すような」思いが詰まった書籍で、多くの若者が「杉村イズム」を今に引き継ぐ。2018年6月には新著「絶対内定手帳2020」を発刊。

期生の皆さんは、〝我究〟という自己分析の結果〝第一志望内定率99パーセント〟という実績をたたき出しました。その結果、我究館の名が一気に学生に知れわたることになったのです」

杉村は、創業者であり夫であった太郎の魅力をこう語る。「彼は傑出したコーチング力を持ち、一人ひとりの個性や立場を鑑みた鋭い質問力で、自発的な〝気づき〟を引き出していくことに長けていました。さらに、学生たちが自らの力で殻を破り能動的にアクションを起こせるように、大いなる情熱を注ぎ、共に歩むことで自律（自走）を目指しました、彼がカリスマ的なポジションを築くようになった背景には、このような受講生に真剣に向き合う姿勢への共感があったのだと思います」

いまや我究館は27期生を迎え、延べ8800人以上が受講し、「杉村イズム」を継承した大きなネットワークが育っている。「先輩と後輩の縦のつながりが密で、みなさん〝仲間のため〟という気持ちで、『今度は自分が』と講師になったり、プライベートでも助け合う関係になったり。海外で新規事業を立ち上げようと一人が相談を持ちかけたら、我究館卒業生の協力ですべての条件が揃ってしまった、そんなこともあったようです」と杉村は言う。

2001年には、我究館で培ったメソッドを生かし新たに「プレゼンス」を開校した。これは「2カ月で結果を出す」ことにコミットした語学コーチングスクールだ。

「グローバルな視点が求められる時代のなかで、太郎がさらなる成長を求め、ハーバード・ケネ

PROFILE

杉村 貴子
すぎむら たかこ

青山学院大学経済学部卒。1997年日本航空入社。1998年に杉村太郎と結婚。BS朝日のニュースキャスター、大和総研勤務などの後、2011年ジャパンビジネスラボ監査役。社外取締役を経て、2014年代表取締役社長に就任。

ディスクールに留学した体験が原点になっています。就職活動の時のみならず、社会人になってからも海外赴任や昇進時に英語力が問われる場面が増えてきましたが、その明確な指標であるTOEICやTOEFLで成果を出すことをミッションに、プログラムを開発してきました」

ここで形づくられた顕著な実績は、着実に口コミとして広まり、「紹介による入会が約半分を占め、延べ受講者は2万3000人超」という、同社の屋台骨を支える事業に育っていった。

一人ひとりの人生を輝かせ、共に社会をより良い方向へ

順風満帆かに見えた同社に、突如試練が訪れる。2004年、創業者の太郎にガンが発覚したのだ。

「衝撃的でしたが、日々の仕事ぶりからは実感は湧かず、一緒に働いている仲間の誰しもが、『彼ならガンを克服するはずだ』と信じて疑いませんでした」。しかし2011年、「直前まで会社に出ていた」ある日、太郎の死という現実が訪れた。

Work-Life Design

（左）ワークとライフという両翼で人生を鳥瞰して生きるというメッセージを込めた「ワーク・ライフデザインスクール」ロゴデザイン。（右）語学コーチングスクール「プレゼンス」授業風景

杉村は、その急場をしのいだ前社長から引き継ぎ、２０１４年から同社を牽引することになる。「就任した直後は、事業の見直し・立て直しに奔走しました。カリスマを失った社内の一体感をどう取り戻すか、規模の追求で低下した生産性をどう修正していくかが大きなテーマでした」

ただ事業自体は順調に伸びていたため、1年ほどで業績は改善し、一転攻めの経営に打って出た。

その中軸には「プレゼンス」事業を掲げ、法人を対象とした出張授業、オンライン教育、マンツーマン・オーダーメイド経営者レッスン、発音矯正コース、プレゼンスカフェなど、次々に新たなサービスを立ち上げたのだ。

「これらが順調に伸び続けている理由として、受講者の満足度の高さがあります。コーチが受講生の積極性を引き出すことで結果につながり、教室の雰囲気がよくなってさらなる底上げが図られたり、そういった受講生の紹介で社内研修として採用される事例が増えたりと、多くの相乗が生まれたからです」

このように事業基盤が堅固になるなか、杉村のかねてからの念願であったキャリア教育をテーマに掲げた「ワーク・ライフデザイン」事業が2018年度から本格的にスタートした。

「社会で働く多く方々を見ながら、『人生をどう生きるのか？』があって初めてキャリアデザインが可能になるとの想いを強くしてきました。自分らしい人生を生きるために、自分を知り、人生を鳥瞰して、ワークとライフ両面でアクションプランを立てていく。特に就職活動を行う前の世代に対して、そういう考え方やメソッドを提供していきたい」と杉村は熱く語る。

「夫の死に直面してあらためて痛感したのが、『生きる』ことの素晴らしさです。その尊さを伝えるためにも『一人ひとりの人生を輝かせ、共に社会をより良い方向に導く』という私たちの原点に絶えず立ち返り、理念実現のために全力を尽くしていきたいと考えています」

株式会社
ジャパンビジネスラボ

〒107-0061
東京都港区北青山3-11-7
Aoビル11F
☎03-5466-9090
http://www.jb-lab.co.jp/

創　業●1992年9月
資本金●1200万円
社員数●23名
売上高●3億200万円
(2017年3月期)
事業内容●キャリアデザインスクール、英語コーチングスクール、ワーク・ライフデザインスクールの運営

キャパ

取締役社長　小甲　健

ＣＡＤ開発35年で培った技術と品質をベースに時代の先を読む付加価値高いＩＴサービスを開発

ＣＡＤ黎明期から、パイオニア的存在として多様な実績を誇ってきたキャパ。リーマンショック後に「脱・下請け」への転換を図り、現在はＥＣサイト構築、スマホアプリ開発、Ｗｅｂ開発、業務システムなどに業容を拡大。自社独自の技術・サービスの開発にも積極的だ。確かな技術基盤をベースに、顧客のビジネスの成功を支え、「選ばれ続ける会社」として信頼を高めている。

キャパがＣＡＤ専門のソフトウェアメーカー「キャパグラフィックス」として設立された1982年当時、ＣＡＤはまだ一般的なソフトウェアではなかった。

「創業者は三井造船でグラフィック端末の製造（ハード・ソフト）をやっていた人で、これからはコンピュータグラフィックスの時代だと考え、当社を創業したと聞いています。グラフィック端末が出始めたころで、まだＣＡＤはほとんど浸透していない時代でした」と小甲健社長は、同社の歴史を説明する。

小甲自身は学生時代、電子工学を学ぶなかで、まだ初期段階のＣＡＤのユーザーの一人だった。入社後はプログラマーとして、ＣＡＤの開発を担当した。文字通りゼロからの作業で、線や円を描く、演算ルーティンを使って図形を描く、微積分を使って描いた図形を回転させる、等々のプログラミングを手がけた。

１９８０年代、ＣＡＤは売れた。今のパソコンの１００分の１程度の性能のマシンが３００万〜４００万円した時代である。ＣＡＤのハードをつくるメーカーと組み、パッケージ化してＣＡＤのソフトウェアを販売した。

「80年代は自社製品が主体でしたが、次第に国内のＣＡＤが淘汰され売上げが減少、企業側からのニーズもあって、90年代に入ると受託ビジネスを始めました。ＣＡＤの受託は企業の要望に合わせて業務を支援するシステムをオーダーメイドで開発するもので、ＣＡＤの８割方は受託ビジネ

わが社はこれで勝負!

200000PV

ITに関するさまざまな知識や情報を毎日発信

自社オウンドメディアの月間PV。キャパでは、ブランディングや集客のためのサポート業務を代行するビジネスも展開している。コンテンツマーケティングやSNSマーケティング、マーケティング教育セミナーなどを実施。もともとは自社のPRのためだが、社内で成功したものを事業化していくケースも多い。

スになりました」

同社のCADの開発実績には、次のようなものがある。電気機器会社のためのWebCAD開発。これは、OSに付属するWebブラウザのみで動作するCADで、パソコンでもiPadでも動作し、デバイスを選ばないもの。あるいは、ガス管理会社のための施設管理ソリューション。これは、オリジナルCADにガス導管設計・施工機能を組み込み、GIS(注1)や事務システムとシームレスに連携させて基幹システム化したものだ。

興味深いところでは、F1チームのレース用シミュレーションシステムの開発がある。担当者はチームに同行してヨーロッパを転戦、システムのメンテナンスを請け負った。

スマートフォンアプリ開発では、コンペ万年2位から連戦連勝へ

小甲が社長に就任した2009年はリーマンショックの影響で、まさに経営の大胆な舵取りが重要な時期だった。同社は〝脱・下請け〟を目標に掲げた。「リーマンショックの時、受注した仕事がバタバタとキャンセルされました。当時は二次請の仕事が多かったため、エンドユーザーの動向がわからず、理不尽な突然の中止が多かったのです。体制を整えて、実際に動き出してからキャンセルされたのでは、事業が成り立たないため、脱・下請けを目指すことにしたのです」

もともと90年代から、CADの受託ビジネスを糸口にしてWebやデータベースの領域へも進

(注1) GIS　Geographic Information System（地理情報システム）

PROFILE

小甲 健
こかぶ たけし

1964年、千葉県出身。CADソフトの開発に興味を持ち、1986年キャパ入社。プログラマー、SE、プロジェクトマネジャー、部長を経て、2009年取締役社長に就任。社内ではインセンティブを設けて読書を推奨する。

出していた。そして本格的に、脱・下請けを目指して取り組んだのが、スマートフォンアプリの開発だ。アプリ開発で先行しているSIに人材を派遣して技術習得をさせ、独自のアプリ開発をスタートした。ところがコンペでは万年2位で、受注を逃し続けた。「原因はアピールポイントの違い。従来から取引のあるSIは品質を気にするのですが、エンドユーザーは使い勝手のよさ、提案力やデザイン力を重視する。それに気づいてからは、コンペで連戦連勝になりました」と、小甲は転機を語る。

スマホアプリの開発実績には、「プロが教える簡単料理レシピ シェフごはん」「Gaba G Style English」「日記のもくじ」「HOME'Sへヤサク!」「Ad Gang」などがある。

これらの開発で信頼を得て、システム開発を受注するというケースも増えた。代表的なものに、自動車の買い取りと販売の「カーセブン」を運営するカーセブンディベロプメントのシステム開発がある。特に査定システムにおいては、車検証のQRコードを読み込み、マスター照合を行って車両データを特定する

（左）キャパの代表的な実績の1つ。日本最大級の不動産・住宅情報アプリ。（右）将来的な技術力向上のため「読書インセンティブ」制度を導入し読書を奨励

画期的なシステムを開発している。

CAD開発で培った幅広いノウハウを駆使

2013年からは、アプリ自動生成ツール「GeneXus」の認定販売店にもなった。「GeneXus」は、業務仕様を入力すると実行可能なアプリケーションを自動生成するツールで、本物を見て仕様検討をしながら開発ができること、トライアル・アンド・エラー（試行錯誤）をしながら開発を進められるのが特徴で、開発コスト削減に活躍する。

「〝GeneXus〟のエンジニアは日本ではまだ300人程度。その需要は高くなっており、ビジネスチャンスが大きいと考えています。当社では〝GeneXus〟を利用したWebアプリの開発やスマホアプリの高速開発などのサービスも提供しています」

現在力を入れているのが、3DCADに関するノウハウを活かしたVR／AR（注2）システム開発だ。CADデータをVR／AR上で確認できるため、設計段階のマンションを事前に〝体験〟

（注2）VR/AR　Virtual Reality（仮想現実）/Augmented Reality（拡張現実）

できたり、模型をつくらず効率のよい動き方ができる工場の設計が可能になる。「VR／ARはエンタメ系か産業系に分かれますが、当社が目指すのは後者。エンタメ系から産業系に移る優秀なエンジニアも多く、そうした人材の採用も視野に入れています」

さらにCAD開発で培った画像や図形に関する幅広いノウハウを駆使して、各種の画像解析ニーズに応えたアプリケーションの開発も手がけ始めている。

将来予測が不可能で、何が起こるか誰にもわからないといわれるIT業界で、生き残るのに必要なのは「変化を早く察知して準備をすること」だと小甲は言う。CADの黎明期から36年にわたって技術を積み上げて来た同社。IT業界では老舗であり、確かな技術の基盤があるからこそ、変化に対応してゆく体制を迅速に整えられるのだ。

株式会社キャパ

〒101-0032
東京都千代田区神田岩本町
1-14 KDX秋葉原ビル
☎03-5297-2871
https://www.capa.co.jp/

設　立●1982年10月

資本金●1億円

社員数●77名

売上高●8億7500万円
(2017年3月期)

事業内容●ソフトウェアの開発

クリロン化成

提案型の製品開発で複合フィルムの可能性を追求し知恵と工夫で、世の中に新たな価値を生み出す

代表取締役社長 栗原清一

チーズやハム、惣菜にスイーツ……。スーパーやコンビニの棚に、鮮度や美味を競うように並べられた食品たち。こうしたディスプレイの陰の主役がパッケージだ。いまや、商品保護や鮮度保持だけでなく、見栄え、密閉性、防臭性、開封しやすさなど、商品の付加価値を高めるさまざまな機能が期待される包材。クリロン化成は、そのための高機能フィルムを製造するメーカーだ。

ナイロンとポリエチレンなど、性質の異なる複数の樹脂を組み合わせて機能性を高めた複合フィルムは、食品をはじめとするあらゆる産業で使われており、製造を手がけるメーカーは多い。しかし、その製法の主流は単一樹脂のフィルムを貼り合わせる「ラミネート法」だ。

これに対し、クリロン化成が得意とするのは原料の樹脂を機械のなかで積層し、金型から一気に押し出して成型する「共押出し法」。なかでも、さまざまな樹脂を5層に重ねた高機能フィルム

を自社設備で内製できるのが大きな強みで、5層フィルム専業メーカーとしては国内オンリーワンといえる存在だ。

「一口に樹脂といっても特性はそれぞれ違いますから、原料の組み合わせ次第でさまざまな機能を付加することができます。特に当社では自社開発の設備を充実させており、工業用や医療用などの特殊な用途に特化したフィルムも原料からオーダーメイドが可能です。ラミネートフィルムより薄く透明度が高いので美しくディスプレイできますし、しなやかで加工しやすいのもメリットです。製造工程が少ない製法なので、環境負荷が低いのも特色です」

社長の栗原清一がそう話す通り、透明度の高い「彊美人」をはじめ、高強度の「しん重もん」、60μという薄さと機能性を両立した「シグマチューブ」といった同社の主力商品は、共押出し法の特色を生かしたものばかりだ。

近年では特に規格袋の品揃えを充実させており、きめ細かいサイズ展開で小ロットの発注にも機敏に応えられる体

69.25%

わが社はこれで勝負!

多種多様な高機能食品包装フィルムを製造

多種多様な樹脂を組み合わせ、特殊用途にも対応する機能性を持つユニークな複合フィルムを生み出す技術力、開発力がクリロン化成の強み。主力商品の「彊美人」「しん重もん」をはじめ、売上げの約7割が他社では製造していない独自商品だ。同社が初めてフィルム加工に応用した樹脂も少なくない。

制を整備。こうした戦略が奏功し、２０１４年に売上げ50億円、16年に60億円を突破するなど、右肩上がりの成長が続く。

技術を融合することで、新しい価値を生み出す

こうして、規格品を中心に約１５００社の顧客を抱える同社では、オンリーワンの技術力を生かした「攻め」の新規開拓にも力を入れている。そのシンボルが、２０１６年に発足した「２Ｂ課」だ。

「市場の隠れたニーズを見つけ出し、世の中にない製品を形にすることをミッションにしたチームです。ＢtoＢ製品を新規開発する部隊なので、略して２Ｂ。キャリアのある技術者をリーダーに据えた技術者中心のチームです。つくった人が売るのがいちばん説得力がありますから」

２Ｂ課では日々、コンビニやスーパーで気になるパッケージを見つけてきては「フタがはがしにくい」「この形は食べにくそう」「美味しそうに見えない」といった問題点を生活者目線で洗い出し、それらを解決する改善品を技術者目線で企画する。できた企画書を直接ユーザー企業に持ち込んでプレゼンを行うという。「飛び込み営業」ならぬ「飛び込み製品開発」だ。

こうした具体性のある提案は多くの企業に歓迎され、芳香剤のパッケージ、総菜の容器、印刷物の郵送用パックなど、市場に前例のないパッケージがすでに２Ｂ課から多数製品化されている。

PROFILE

栗原 清一
くりはら せいいち

1944年、東京都出身。東京大学大学院工学系研究科博士課程修了。工学博士。1974年にクリロン化成入社。1991年に代表取締役社長就任。財団法人政策科学研究所入所主席研究員、研究顧問就任などを歴任（研究所は2008年3月に解散）。

売上げに占める比率はまだまだ少ないものの、「知恵と工夫から新しい価値を生み出す」という企業モットーを具現化した重要な取り組みだ。面白いのは、こうした新規製品開発では、必ずしも同社の強みである共押出しフィルムを売ることだけにこだわっていないことだ。

「大切なのはユーザーにとっての最適解をいかに提示するかです。同じ構成ならラミネートのほうがコストが安いので、共押出しに優位性がない場合はラミネートを使うのが合理的ですし、当社の5層フィルムと他社のラミネートフィルムを貼り合わせることで、両者のメリットを組み合わせた高機能フィルムをつくることもあります。よい商品を生み出すためには、広い視野と柔軟な発想で既存技術を融合することこそが大事です」

同時に、商品としての最終工程にまで責任を持ってユーザーに届けるために、フィルム製造だけでなく、製袋、スリット加工、印刷などの加工工場を全国の拠点に順次設立しており、一貫生産体制の基盤づくりも着々と進む。

（左）充実した社内通信教育制度を用意。テキスト（秘伝書）も独自に作成。（右）温度帯を選ばず誰でも簡単に使える規格袋「彊美人」シリーズ

すべての社員が実力を発揮できる組織づくりを

　こうした自由度の高い製品開発を実現する秘密が同社独自の組織づくりだ。栗原は「技術経営と人材経営こそが当社の２本柱」と言い切る。象徴的なのが女性の活躍で、２Ｂ課を率いる女性リーダーに代表されるように産休・育休を経たベテラン女性社員が重要な立場で実力を発揮しており、２０１６年には大阪市女性活躍リーディングカンパニー最優秀賞を受賞している。

　具体的には、パート社員が「１３０万円の壁」を気にせず働けるよう、社会保険費用を時給に上乗せする制度や、育児休業から早期復帰した社員に、残った育休期間の公的補助と同額の補助を給与に上乗せして支給する早期復職支援制度など、公的制度の不備を補うユニークな独自制度を次々と導入している。

　さらに素晴らしいのは、産休や育休を「戦力ダウン」「ピンチ」と捉えず、職場全体の業務環境改善の好機として、組織全体の生産性向上につなげている点にある。

「出産や育児、介護などで社員が休業することになると、当社ではまず部署のメンバー全員の職務分析表をつくり、担当職務の難易度や所要時間、どれだけその職務に気をとられるかといった精神的負担まで定量化し、部署全体の職務の全貌を把握するようにしています」と栗原は言う。
「その上で、専門性が低い職務は他部門に委譲したり、難易度の低い業務を抽出してパート社員に任せたり、といった分担を行うのです。すると部門全体の業務のレベルが自然と上がり、それぞれがよりふさわしい仕事で力を発揮できるようになる。組織で働く以上、個人の課題はチームの課題として考える必要があります。何事も協力し合って解決する風土は、当社の組織文化の核心だと考えています」。このような、一人ひとりの力を最大限に生かす環境のもと、技術力と創意工夫を生かしたチャレンジする姿勢が同社にはしっかり根づいている。

クリロン化成株式会社

〒533-0003
大阪府大阪市東淀川区南江口
1-3-20
☎06-6328-6951
http://www.kurilon.co.jp/

設　立●1960年10月
資本金●3200万円
社員数●161名
売上高●69億円
(2017年12月期)
事業内容●共押出し多層フィルムの製造・販売

木村技研

節水トイレ洗浄システムの実績を武器にIoT化を促進 トイレ危機を管理するセキュリティシステムを開発

代表取締役社長 木村朝映

節水装置「アクアエース」の開発で、日本のトイレ事情を一変した木村技研。パブリックの節水トイレで60パーセント超のシェアを持つ同社は、クラウドを利用してトイレ危機を管理するセキュリティシステムを開発。トイレ内の倒れ込みや不審物の検知、長期滞留者の退出など、トイレにまつわるリスクを回避する技術として、企業や商業施設から注目されている。

パブリックトイレにはリスクが多く潜んでいる。例えば忘れ物や汚れ、具合の悪くなった人の倒れ込み、盗撮や薬物使用などの犯罪。さらに、個室に閉じこもって30分以上経過しても出てこない〝長期滞留者〟の存在など。リスクを監視するためには、警備員が定期的に巡回しなければならないが、人手が圧倒的に足りないのが実情だ。木村技研は、その課題を解決する。

もともと同社の主力製品は、運用コストを削減する節水洗浄システム。そこで使われる通信システムを利用して、トイレの安全・危機管理を行うセキュリティシステムを開発したのである。トイレにＩｏＴを導入して危機管理を実現したのだ。実際にトイレの個室のなかの状態を見るには画像が必要になるが、プライバシーの存在があるため、従来のカメラでは対応できない。

「そこで当社では、トイレのなかを監視するため、独自の〝アウトラインセンサー〟を開発しました。これは、人物を特定できないよう、シルエットだけを描き出し、異常な動きを検知するセンサーです。トイレの個室のなかで、事件・事故があった場合、ＡＩ（人工知能）でそれを瞬時に把握して、管理センターや警備室に伝達されるシステムになっています」。そう説明するのは、同システムの開発と販売に注力する木村朝映社長だ。

例えば、個室トイレのなかの忘れ物の場合。トイレの利用者がドアを開けて外に出た瞬間に、センサーが作動して利用前・利用後の画像を確認。そこに違いがあると〝忘れ

わが社はこれで勝負!

250000台

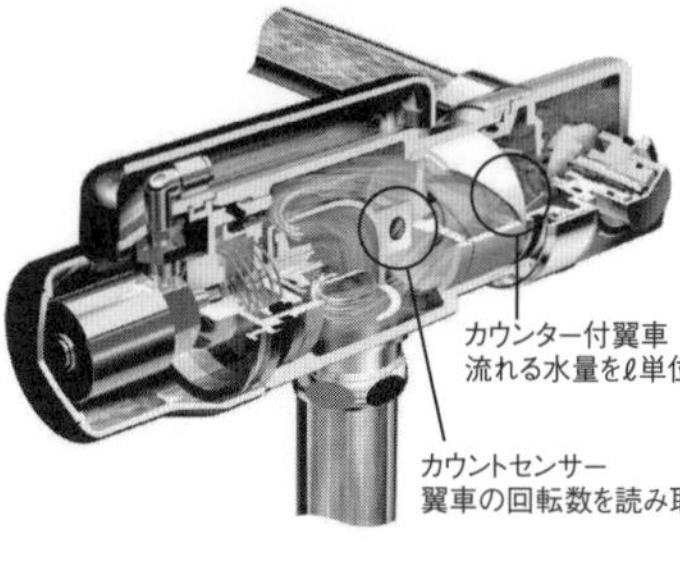

「アクアエース」構造断面図

節水効果がある「アクアエース」は、公共施設をはじめ、オフィスビルや商業施設、大学や病院などに広く導入されており、累計台数は25万台を超える。設定した適正洗浄を可能にしているのは、同社の開発した人口知能（AI）機能付きのバルブ。レンタル契約を基本としているため初期投資コストは不要だ。

物〟と判断して、音声ガイダンスで忘れ物の存在を退室利用者に通知する。利用者がそれに反応しない場合は、忘れ物を〝不審物〟と判断して警備室に通報する。

またトイレ内での倒れ込みの場合は、人間が〝無呼吸状態〟になったことを感知して、その情報を管理センターなどに通知する。ここで活躍するのがアウトラインセンサーで、一定の秒数の間、人間が微動だにしないことを感知して、迅速に通報を行うのだ。個室トイレ内で倒れる人に対して、個室外の人々が気づくことは少なく、まさに人命救助に貢献するシステムとなっている。

「アウトラインセンサーは、プライバシーに抵触しないことを考慮して開発したもので、倒れた瞬間だけを捉えるようになっています。シルエットの画像は、信号としてリアルタイムに送信されるだけで、どこにも画像が記録されない仕組みで、さらにサイバー攻撃に対する配慮もなされています」と、木村はセキュリティシステム自体の安全性も保証する。

長期滞留者を検知して通知、個室トイレのリスクを軽減する

こうしたサービスのなかで、今最もニーズがあるのが、長期滞留者への対応だという。

「以前から、特に商業施設や企業などのお客さまから、長期滞留者をどうにかしてほしい、という要望を数多くいただいていました。長期滞留とは、利用者が個室トイレのなかに長時間（目安として30分以上）留まることをいいます。長期滞留は、さまざまな事件や事故につながるおそれ

PROFILE

木村 朝映
きむら ともえい

1947年、東京都出身。駒澤大学高等学校卒。1965年木村商店（現・木村技研）入社。1972年に節水型自動洗浄装置「アクアエース」を発売、下請け企業からメーカーへと成長。トイレの節水技術で不動の地位を確立する。2013年8月、代表取締役社長就任。

があり、商業施設などでは〝トイレがいつも使えない〟という他のお客さまからのクレームにもつながるなど、切実な問題なのです」

ある企業の場合、個室トイレに30分以上滞留すると、その状況を検知して天井のフリッカーが点滅し、同時に管理センターに通報するシステムを導入した。ランプが点滅した場合は、他の利用者が安全のためになかの人に「声かけ」をするというルールを設定、それを全社員に通達した。すると、それまで多かった長期滞留者がゼロになったという。

ショッピングモールなどの商業施設の場合は、万引き犯が個室トイレで商品の包装紙などを流し、それによってトイレが詰まってしまうという事例も多いという。不審人物検出センサーシステムで、そうした被害を減少することも可能になる。

節水洗浄システムの通信システムを有効活用して危機管理

創業は、戦後間もない１９４８年。当初は給排水工事を手が

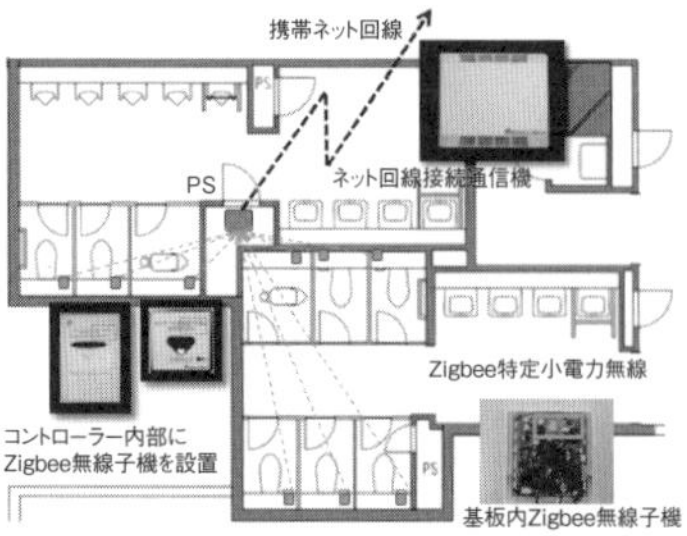

（左）IoT技術を用いた「トイレセーフティシステム」の展開イメージ。（右）木村技研本社に併設されたショールームでは商品とともにシステム全体を体感することができる

けていたが、仕事先でトイレの節水に対応することになり、1972年に先代の社長が「アクアエース（過剰水量防止装置）」を独自開発。以来、節水ビジネスに取り組むことになった。

アクアエースとは、一言でいうと水量を調節する節水バルブを搭載したトイレである。バルブ自体に水量メーターを内蔵し、利用者をセンサーで感知して大小の用便を滞在時間によって判定、最適な水量を流し分けるという機能を持つ。

「実はトイレにおいて、一回当たり何リットルの水が流れているかは誰にもわかりませんでした。設備会社としては、できるだけ水を少なくしたいのですが、少なくし過ぎると水の勢いがなくなってトイレが詰まるという苦情が多くなってしまいます」と、木村は現場の悩みを説明する。

「便器からの汚物の排出と、排水管内の汚物搬送を確実にすることは最低限の原則ですが、そのために水の量を多くすると、今度は必要のない過剰な水量を使うことになります。そこで私たちは、IoT技術を用いて取得した便器ごとの水量の詳細データによって〝適正〟な水量を流すシステムを構築したのです」

同社の節水装置を導入すると、使用水の約6割がカットできる。駅や空港など大規模な公共施設ほど効果が大きく、年間数千万円もの経費削減を実現した例もあるという。

現在、同社が注力しているセキュリティシステムは、その節水洗浄システムの通信システムを有効活用したものだ。最近商業施設や企業では、トイレ内のリスク管理を重視しており、節水で削減したコストをセキュリティシステムの導入費用にあてる例が増えている。

「個室トイレは、パブリックの空間で唯一単独になれる空間で、だからこそリスクが発生しやすいといえます。オリンピック開催に向けて、テロ対策も懸念されるところ。わが社がやれることは、まだまだたくさんあります」と、木村は意気込みを見せる。

株式会社木村技研
〒158-0098
東京都世田谷区上用賀4-9-19
☎03-3429-1131
https://aqua-k.jp/

設　立●1948年7月
資本金●1億円
社員数●33名
売上高●30億280万円
(2017年グループ計)
事業内容●節水型トイレ自動洗浄装置の製造、販売、施工

エナックス

技術開発ベンチャーとしての矜持を高く先進の高速充放電技術で電池の新市場を創造

代表取締役 三枝雅貴

リチウムイオン二次電池に特化し、積み重ねてきた技術力や知見の高さを武器に、業界の第一人者として高い存在感を誇るエナックス。海外との競争が激しいマーケットに身を置きながら、車載用電池、産業用ドローン、製造業向けロボットなど、より高い技術力が求められる将来性の大きい市場に経営資源を集中させることで、近年の急成長・高収益を実現している。

ノートパソコン、スマートフォン、デジタルカメラなど、現代生活の必需品ともいえるこれらの製品を動かすのに、なくてはならない電池。特に現在では、求められる能力の高まりからリチウムイオン二次電池（ＬＩＢ）が用いられることが圧倒的だ。

ＬＩＢの最大の特徴は、高容量ながら小型軽量であること。他にも、充電／放電効率がよい、寿命が長い、使用温度範囲が広いなどの多くの長所があり、用途も拡大している。近年では、電気自動車の普及本格化に向けた動力源として、その名を耳にする機会が増えているのではないだろうか。

エナックスは、そのＬＩＢに特化した技術開発型ベンチャーとして１９９６年に誕生した企業だ。

当時、ＬＩＢ業界に新規参入する幾多の企業があり、これに対する総合的なコンサルティングから事業をスタート。その後、ノートパソコン用の汎用バッテリーの製品化など、業界の先導役を務め、２００４年には「東京都ベンチャー技術大賞」最優秀賞を受賞するなど、新時代の旗手として注目を集めた。

しかし、１９９０年代に世界のシェアをほぼ独占していた日本の電池業界は、その後アジアを中心とした海外勢の巻き返しで、一転窮地に立たされる。それは、大手メーカーのみならず、同社においても同じだった。これまで培ってきた知見や技術が、それだけではもうアドバンテージにならなくなってきたのだ。

わが社はこれで勝負!

3分で90%

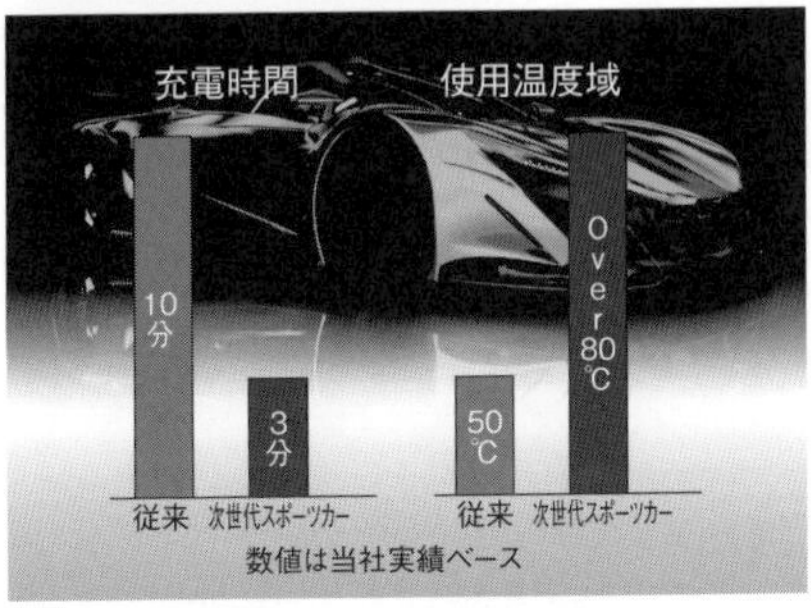

充電時間、使用温度域とも圧倒的な性能を誇る

エナックスのリチウムイオン二次電池の強みは、急速充放電の能力。電池内の抵抗を下げる独自技術により、3分間で90%という急速充電性を達成。これは従来の10倍ほどのスピードとなる。また同時に、高入出力特性(Over 100C Rate)、高温特性（80℃で充放電可能）などのスーパーハイレート機能を実現した。

顧客や取引先と一緒に、新たな技術の可能性を追い求める

創業社長の後を継ぎ、現在社長を務める三枝雅貴は、大手商社の投資部門や大手電機メーカー子会社の社長などを経て、エナックスに入社。再建を託され、2011年6月に社長に就任した。「日本の企業は、好んでレッドオーシャンの市場に飛び込み、競い合う傾向があります。それはLIBの世界も同じでした」と、三枝は当時置かれていた業界の状況について説明する。

「国内だけで競争している時代は、それでもよかったかもしれません。しかし、新規参入した海外勢は必死、リストラ続きの日本企業の技術者をどんどん引き抜き、低価格高品質の製品をつくりだしていく。根本的に経営のあり方を見直すべきだと考えました」

その手法は、シンプルに「ブルーオーシャンを狙う」こと。価格競争にさらされている汎用品とは異なる、「少し先ではなく、もっと先の未来」を見据えて経営資源を集中させていくこと。そここそ、培ってきた技術や実績、ベンチャーゆえの柔軟性をフルに生かせると考えたのだ。

そして、「仕様に沿った開発に留まらず、顧客の求める価値に応え正しく開発し、事業化に資するところまで手がけること、それが当社への真の期待だ」と考え、「R&D部隊」から「事業の開発部隊」へ立ち位置を変更。電池だけでなく、その前後まで。電池の能力を最大限に引き出し、実現化するまでの一連の価値の流れをソリューションとして提供していくことに力を入れた。

(注1) キャパシタ　電気を電気のまま充放電することが可能で、原理的には半永久的に使用することができる理想的な蓄電装置。その半面、大容量化しにくい欠点を持つ

PROFILE

三枝 雅貴
さいくさ まさき

1955年、香川県出身。慶應義塾大学工学部卒。1980年日商岩井（現・双日）に入社。ITX米国社長、エスペック上席執行役員、ホソカワミクロン理事、フィード社長などを歴任。2010年12月エナックス入社、2011年6月代表取締役に就任。

その最初の標的がキャパシタ（注1）だった。燃料電池自動車、そのなかでもFCVフォークリフト向けに、先行する企業を超える能力の電池を開発することに、すべてを注いだのだ。

キーワードは「急速充放電」。その可能性をあらゆる角度から試行し、見事に確立。この技術は、当初の想定以上に企業からの期待が高く、同社のその後の大きな財産となった。

また三枝らしい経営スタイル、ベンチャーだからこその柔軟性も、その強みをさらに際立たせることになった。「例えば、材料メーカーさん。新しい材料を開発しても大企業ではなかなか採用してもらえません。しかし私たちは『どんどん持ってきて』と言っている。一緒に研究していこうと。ですから新しい情報がたくさん増えるし、さまざまな試行錯誤ができるのです」

クライアントとの関係も同様だ。「当社がかかわる案件は、シークレットな内容がほとんどです。相談に来られるお客さまも、最初から本音を出しにくい部分がありますよね。そこで私たちは意をくみ取って、ディスカッションペーパーという形で、仮

（左）カスタム化が容易で直並列数の最適化が可能な「ハイレートラミネートセル」。（右）「軽量化」「高容量」で、航続距離を飛躍的に伸ばす

提案を出します。すると、ドンピシャだったらもちろん、そうでなかったとしても『エナックスさんでこれができるなら、こんな相談がしたい』と話が広がったりするのです」

大きな伸びが期待される市場向けに事業を特化

　これらの取り組みで培ってきた、世界最高速級で高温度帯に強い充放電特性を持つ特殊電池や、多直列・多並列小型ラミネート電池の制御技術。これらのコア技術をベースに、電池仕様やパック制御の提案から、試作検証のためのプロトタイプの製造・解析までを、ラピッドプロトタイピング（注2）で一気通貫の対応ができるのが同社の現在の大きな特徴だ。

「通常、電池を開発するのは2～3年かかるところ、私たちなら半年。試作的なものなら2カ月でつくれます。これまでの取り組みの成果や暗黙知がたくさんあるため、ニーズに合わせてテンプレート的にすぐに対応できるようになっているのです」

　同社が現在注力している分野で、いちばん大きな市場が見込

（注2）ラピッドプロトタイピング　Rapid（迅速に）Prototyping（試作する）の意味

まれるのが次世代車載用電池だ。２０２５年には６兆６０００億円に上るといわれ、そのなかでも同社は、特殊で超が付くほど高性能が求められるプレミアムカーの領域に力を注ぐ。

また産業用ドローン、製造業向けのロボットスーツ向けなど、いずれも高い技術を求められ、かつ将来大きな伸びが期待される市場向けに事業を特化。その取り組みの甲斐あって、２０１５年度に黒字転換。以降は売上げも利益も目を見張るほどの急成長を遂げている。

「今はあらゆるモノづくりの現場で、日本の競争力の低下が叫ばれています。しかし日本の技術力を生かせる場所はまだあるはず。私は電池にその可能性を抱いています。青臭くてもいいから、技術ベンチャーは意地と矜持を高く持つことが大事。日本に『電池の未来』をもう一度取り戻していく、そんな夢溢れお互いにリスペクトし合える会社にぜひしていきたいですね」

エナックス株式会社

〒112-0003
東京都文京区春日2-12-12
コロネード春日
☎03-5689-0089
http://www.enax.jp/

設　立●1996年4月

資本金●30億3100万円

社員数●112名

売上高●22億2200万円
(2017年3月期)

事業内容●リチウムイオン二次電池開発・試作受託・製造・販売。バッテリーパック、リチウムイオン二次電池搭載アプリケーション製品の設計・製造・販売

[編者]

ダイヤモンド経営者倶楽部

日本の次世代産業の中核を担う中堅・ベンチャー企業経営者を多面的に支援する目的で設立、運営されている。

〒104-0061
東京都中央区銀座4-9-8 NMF銀座四丁目ビル3F
電話 03-6226-3223
http//www.dfc.ne.jp

担当　北村和郎（kazu@dfc.ne.jp）

ザ・ファースト・カンパニー2018
——創造と革新を求め続ける企業

2018年6月13日　第1刷発行

編　者——ダイヤモンド経営者倶楽部
発行所——ダイヤモンド社
〒150-8409　東京都渋谷区神宮前6-12-17
http://www.diamond.co.jp/
電話／03･5778･7235（編集）　03･5778･7240（販売）
装丁/本文デザイン —ヤマダデザイン
編集協力——安藤柾樹（クロスロード）
製作進行——ダイヤモンド・グラフィック社
DTP ———インタラクティブ
印刷————信毎書籍印刷（本文）、慶昌堂印刷（カバー）
製本————ブックアート
担当————浅沼紀夫

ISBN 978-4-478-10570-2